내가 그린 7년간의
유럽 스케치 여행

내가 그린 7년간의
유럽 스케치 여행

초판 1쇄 인쇄 | 2023년 7월 21일
초판 1쇄 발행 | 2023년 7월 28일

지은이 | 박용갑
각　색 | 박민철
펴낸이 | 박영욱
펴낸곳 | 깊은나무

주　소 | 서울시 마포구 월드컵로 14길 62 북오션빌딩
이메일 | bookocean@naver.com
네이버포스트 | post.naver.com/bookocean
페이스북 | facebook.com/bookocean.book
인스타그램 | instagram.com/bookocean777
유튜브 | 쏠쏠TV·쏠쏠라이프TV
전　화 | 편집문의: 02-325-9172　영업문의: 02-322-6709
팩　스 | 02-3143-3964

출판신고번호 | 제2013-000006호

ISBN 979-11-91979-37-4 (03920)

내가 그린 7년간의
유럽 스케치 여행

박용갑 글·그림

깊은나무

prologue

여행은 세상에서 내가 얼마나 작은 존재인지를 깨닫게 해주고 나를 겸허하게 만든다. 또한 여행의 공간과 시간은 나에게 또 다른 생각을 열어준다. 나에게 여행은 새로운 환경을 통해 만나는 자유의 출구이자 삶의 원동력이다.

나는 어릴 적부터 낯선 것, 익숙하지 않은 것에 대한 묘한 호기심과 동경을 갖고 있었다. 그 호기심과 동경은 결국 대학 졸업 후 독일 유학의 길로 이끌었고, 독일에서 미술 공부를 이어 나가게 했다. 7년 동안 끊임없이 여행을 하며 어릴 적부터 품었던 호기심과 동경의 갈증을 해소했다. 나에게 스케치 여행의 의미는 'Grand Tour'의 맥을 잇는 것이다. 유럽 전체를 돌아보며 어린 시절부터 책이나 TV에서만 봐 왔던 곳의 풍경, 문화, 유산을 눈으로 직접 확인하고 기록하는 일종의 그림일기이다. 스케치라는 매개체를 통해 느리게 여행하며 동양인인 내가 바라본 이들의 모습을 차근차근 기록하고자

했다. 유럽 스케치 여행 프로젝트는 나만의 시선으로 기록한 7년간의 일기와 같다. 낯선 사람들과 낯선 환경에 둘러싸여 지낸 독일에서의 시간은 그 자체만으로도 여행이라 부를 수 있을지도 모르겠다. 학생 신분으로서 주어진 시간과 기회를 여행을 통해서 나만의 시선으로 바라본 이들의 삶을 느끼고 기록하고 배워간다는 자체로 나에게는 의미 있는 행위였고 학생으로서 누릴 수 있는 최고의 행운이었다.

나는 비행기 공포증이 심하여 7년의 유학 생활 동안 모국인 한국을 한 번도 가지 못했다. 이러한 이유로 나는 여행을 다닐 때 무조건 육로로 이동한다. 유럽 전체를 기차로만 여행하면서 24시간 이상 기차 속에서만 시간을 보낸 적도 있다. 비행기를 타면 한두 시간이면 갈 거리를 기차로만 20시간 이상 이동하다 보면 육체적으로 많이 지치고 힘들다. 그렇지만 굳이 계속

기차를 고수하는 이유는 물론 비행기 공포증이 가장 큰 이유이지만 육로 이동의 끊을 수 없는 매력 때문이기도 하다. 나에게는 기차 창밖으로 스쳐 지나가는 사소한 풍경들이 오히려 목적지의 풍경보다 더 흥미롭다. 북유럽에서 독일, 프랑스, 스페인을 거쳐 포르투갈까지, 북쪽에서 남쪽으로 기차로 이동하며 나무들의 생김새를 관찰한 적이 있다. 스칸디나비아의 하늘을 찌를듯한 침엽수로 시작해 울창한 활엽수들을 지나 남유럽으로 갈수록 황량한 벌판에 키 작은 나무들을 볼 수 있었다. 기후에 맞게 변하는 게 당연한 나무들의 생김새였지만 그 변해가는 모습들을 기차 창밖으로 한눈에 확인하고 그러한 자연환경에서 살아가는 현지인들의 일상을 비교해서 보았던 것은 육로 이동에서만 경험할 수 있었던 정말 특별한 경험 중 하나였다. 나에게 있어서 '길'은 여행의 목적지를 향해 가는 통로의 역할만 하는 것이 아니

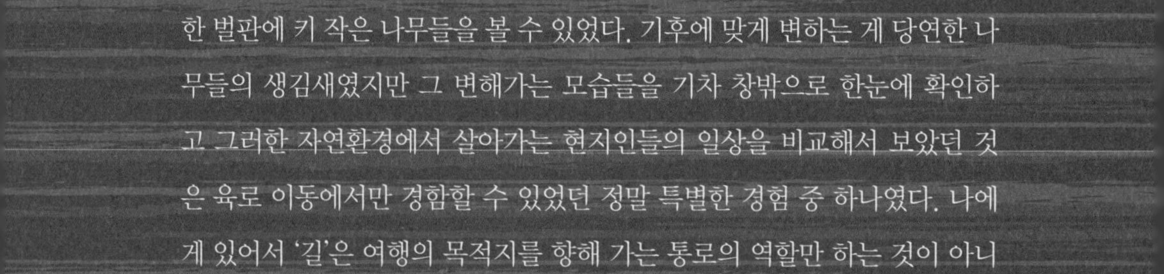

었다. 길을 가는 행위 그 자체가 이미 여행인 것이었다.

나의 작업은 우리의 일상을 무심하게 바라보았던 시선에서 예술적으로 작품에 표현하고자 함을 주목적으로 한다. 또한 드로잉은 예술가들에게는 가장 기초적이고 중요한 덕목이라 생각한다. 펜 드로잉을 하는 행위는 나만의 개성을 표현할 수 있는 자유로운 선과 색을 찾기 위해 끊임없이 노력하는 일종의 수련의 과정으로도 볼 수 있다. 나만의 선과 색으로 재해석한 풍경을 표현함으로써 그때의 심리나 느낌을 반영하여 각 그림마다 다양하게 표현하고자 하였다.

유럽에서의 7년은 끝이 났지만, 끝나지 않을 것 같은 숙제였던 이 책을 위해 10년이라는 긴 시간을, 내 젊음을 쏟아부었다. 그리고 드디어 이 긴 여행에 마침표를 찍을 수 있게 되었다.

• contents •

나에게 스케치 여행의 의미는 'Grand Tour'의 맥을 잇는 것이다. 유럽 전체를 돌아보며 어린 시절부터 책이나 TV에서만 봐 왔던 곳의 풍경, 문화, 유산을 눈으로 직접 확인하고 기록하는 일종의 그림일기이다. 스케치라는 매개체를 통해 느리게 여행하며 동양인인 내가 바라본 이들의 모습을 차근차근 기록하고자 했다. 유럽 스케치 여행 프로젝트는 나만의 시선으로 기록한 7년간의 일기와 같다.

여행의 시작

며칠 전 작은 단칸방을 구했다. 현관을 들어서면 좌우로 싱크대와 냉장고, 화장실이었다. 신발을 벗고 두 발짝 크게 걸으면 좌측 벽으로 침대가, 우측 벽에는 책상과 옷장이 있었다. 정면에는 연두색 나풀거리는 커튼이 쳐진 창문이 있고 그 위에 빨래걸이가 있다. 흔한 구조의 방이다. 침대와 책상 사이에는 비교적 넓은 공간이 있는데 대여섯 명이 다과회를 하기에 부족함이 없다. 그 이상의 손님은 곤란하다, 양해를 구한다. 현관문을 닫아 달라.

조금 전 작업이 끝나서 이젤을 치우지 못했다. 나는 꽃을 그리는 것을 좋아한다, 이유는 꽃처럼 아름다운 인생을 바라기 때문이다. 이젤을 치우는 동안 책상에 기대진 그림을 봐 달라.

어른들은 말할 것이다, 시든 꽃을 버리고 새 꽃을 꽂아야 한다고 또는 물을 갈아주기는 했냐고 말이다.

그러나 청년들은 이 그림의 의미를 알 것이다. 아름다운 삶을 바라지만 미래는 시든 꽃처럼 절망에 가까워 혹은 지금의 젊음과 미래의 늙음을 말이다, 이 그림은 우리들의 고뇌의 이유이다. 좀 더 솔직해져 보자면,

"우리의 사랑은 필 것인가, 질 것인가."

불안한 미래는 꽃이 유리잔에서 벗어날 수 없듯이, 내 안에서 오랫동안

답답함과 어긋난 욕구들로 자리 잡고 있었다.

나는 유리잔에서 벗어나고 싶었다. 여행을 원했다. 나를 휘감고 있는 실이 모두 풀려 팽팽해 아슬할 때까지 멀고 긴 여행을 하고 싶었다.

여덟 살 때 선생님이 나의 맞은편에 가까이 앉아 물었다.

"○○아, 너는 꿈이 뭐니?"

나는 선생님의 예쁜 눈망울에 부끄러웠는지 얼굴이 화끈거려 고개를 숙였다. 그리고 작은 목소리로 대답했다.

"세계 여행."

집으로 가는 길 나는 왠지 모를 고양감에 취해 있었다. 선생님과의 친밀감 때문이었을까, 아니면 나에게 꿈이 생긴 이유에서였을까. 나는 길을 멈추고 책가방에서 닌텐도를 꺼내 가장 아끼던 닌텐도 칩을 빼 땅속에 묻었다.

평소에는 있는지도 모를 작은 불씨였다. 하지만 꺼지지 않았던 불씨, 나는 그 옆에 마른 나무를 키우고 있었던 것 같다. 그리고 마침내 나무에 화려하게 불이 붙었다.

나는 긴 여행을 위해 독일 베를린에 베이스캠프를 차렸다.

베를린

표면상으로는 유학을 목표로 독일에 왔다. 하지만 내가 원하는 것은 여행이었다. 가출처럼 충동적인 일을 벌이기에 스물여섯 살의 나이는 많았다. 미래에 대한 가능성도 열어놔야 했다.

독일을 선택한 이유는 학비가 무료이기 때문이었다. 외국인에게도 동등한 기회가 주어졌다. 그리고 물가가 쌌다. 손가락으로 꼽을 만큼 양질의 교육도 제공한다. 이렇게 교육 환경이 좋은 만큼 당연히 입학 자체가 어렵다. 그림 실력은 물론 완벽한 독일어 구사가 전제되어야 했다.

독일에 오기 전 1년 동안 학원에 다니며 독일어 공부를 했다. 그런데 한국에서 배웠던 문법이나 형식은 아무런 쓸모가 없었다. 영어도 마찬가지다. 나는 여기서 아주 중요한 것을 깨닫게 되었다. 외국에서 말하기, 듣기를 하지 못하면 아무것도 할 수 없다는 것을 말이다. 여행은커녕 집 앞 슈퍼를 가는 데도 온 신경이 곤두섰다. 그런데 대학 입학을 상상이나 할 수 있었을까. 나는 철저히 아이가 되어 있었다. 의무라는 이유로 10년 넘게 영어교육을 강제했다면 말하기, 듣기는 보장되어야 마땅했다.

11월에 접어들면서 눈발이 날리기 시작했다. 겨울은 오후 3시만 되어도 캄캄해졌다. 혹여나 낮잠이라도 자고 일어나면 밤이 되어있는 웃지 못할 상황이 연출되었다. 그해 겨울, 내가 얼마나 힘들었는지 말하지 않겠다. 대신

짧은 시를 준비했다.

텅 빈 눈 내린 벌판을 걸었네
텅 빈 눈 내린 벌판을 걸었네
영롱하게 빛나던 별들도
안락의 방으로 갔겠지

나의 겨울은 우울했지만 그들의 겨울은 즐겁게만 보였다. 삼 일이 멀다고 눈이 내렸는데 눈이 오면 동심으로 돌아가는 건 이곳도 같았다. 아침이면 아이들을 썰매에 태워 어린이집에 보냈고 조그만 카페에 앉아 커피를 마시

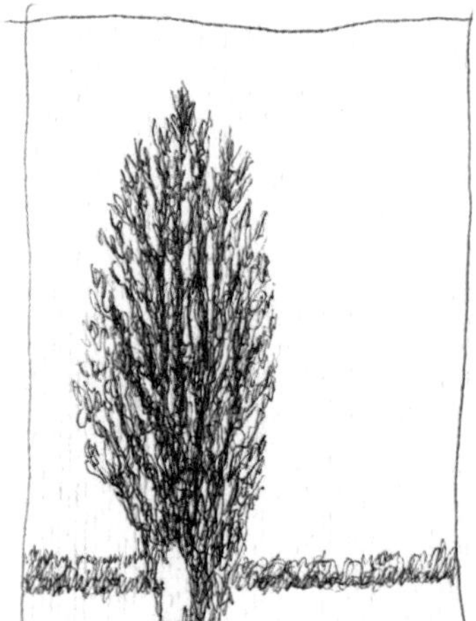

Berlin
Frohe Weihnachten.

는 사람들의 미소가 유리창에 번졌다.

12월, 독일의 가장 큰 명절 크리스마스에는 크리스마스 마켓과 관련된 행사들이 크고 작은 도시를 막론하고 독일 전역에서 열렸다. 집집마다 창문에 화려한 크리스마스 장식을 달았고 아이들은 크리스마스를 기다리며 하루에 초콜릿 하나씩 까먹었다. 비록 추위에 몸을 움츠리긴 했지만, 발걸음에는 여유가 있었다.

겨우내 제설차가 지나간 길옆에는 방음벽처럼 눈 장벽이 생겼다. 거대한 집게차가 딱딱한 눈 벽을 부수어 트럭에 싣는 광경에 눈이 멈췄다. 이곳은 내가 살아왔던 곳과 달랐다. 코를 통과하는 공기의 모양까지 달랐다고 하면 비약일까.

겨울이 지나면 여행을 떠날 것이다. 그때까지 원활한 외국어 실력을 갖출 것이다, 집 앞에 제설용 모래알을 치우고 여행을 떠날 것이다.

베를린은 그다지 매력적이지 않은 도시일지도 모른다. 산이 없어 도로나 건물들이 넓고 곧게 뻗어 반듯반듯했고, 건조하고 조용한 느낌을 줬다. 아무런 일도 없을 것 같은 도시에 슈퍼마켓이 불만을 터트렸다. 슈퍼마켓 좌판마다 색색의 튤립이 대량으로 진열됐다. 이른 아침 할머니 한 명이 3유로에 튤립 한 다발을 사 간 것을 시작으로 거리에는 너 나 할 것 없이 사람들이 쏟아져 나왔다. 서로 경쟁이라도 하듯 집마다 창문 밖으로 꽃을 심은 화분들을 내놓았다.

카페나 식당에서는 야외 테이블을 내놓기 무섭게 사람들이 자리를 잡았다. 오랜만에 만난 그들의 목소리가 높았다. 복잡하고 시끄러웠다. 하지만 그것들이 광장에 비할 바는 못 됐다. 광장의 인파와 함성은 전쟁통을 방불케 했다.

복잡해진 도심이 심란한 사람들은 기차를 타고 근교로 나갔다. 들판에는 현기증 나게 흐드러진 민들레와 유채꽃들이 끝없이 펼쳐져 있었다. 그들은 밤이 되기까지 천천히 들판을 거닐었다.

모두 자기만의 취향대로 봄을 맞이했다. 나도 분주하게 짐을 쌓았다. 예상대로 봄은 왔고, 언어는 자유를 부여했으며 그러므로 여행을 떠나야 했다. 서두르자. 7시 야간버스를 타려면 서둘러야 한다.

파리

주말을 이용해 3박 4일의 파리 여행을 떠났다. 파리는 베를린에서 그나마 가까웠다. 베이스캠프를 차리고 꼬박 6개월 동안 기다렸다. 야간버스에 타서도 두근거림이 멈추지 않았다. 버스는 캄캄한 고속도로를 거침없이 달렸다. 야간버스를 선택한 이유는 기차요금이 너무 비쌌고, 농기계 엔진을 장착한 저가 항공은 믿을 수 없었기 때문이다. 선택할 수 있는 교통수단은 버

스로 좁혀졌다. 에펠탑과 모나리자를 볼 수 있다는 생각에 설레고 긴장됐다. 버스가 출반한 지 2시간이 지났으니 앞으로 12시간은 더 설레 보자.

오전 9시, 피곤한 몸을 이끌고 버스에서 내렸다. 그런데 무언가 어긋남을 느꼈다. 터미널은 사람이 많음에도 불구하고 오랫동안 방치된 것처럼 더럽고 냄새가 났다. 모른 척하고 숙소로 가기 위해 지하철역으로 향했다. 지하철역에 들어서자 파리의 위생 상태는 간과할 수 없는 수준이었다. 반원형의 통로는 꼬불꼬불 복잡하게 얽혀 쥐 굴을 연상시켰고, 곳곳에 깨진 형광등과 유리병, 축 처진 거미줄, 고여있는 썩은 물에서는 악취가 났다. 벽에는 여기저기 그려져 있는 그라피티와 침 자국 그리고 누런 얼룩들…. 목을 타고 넘어오는 것을 억제하지 못했다.

"Fucking 파리." 불행히도 첫 여행의 첫인상이었다.

숙소에 짐을 풀고 마음을 다잡아 첫 번째 목적지로 향했다. 사람들이 파리로 모여드는 이유, 사랑과 낭만의 상징 에펠탑이었다. 파리의 중심부로 갈수록 도시는 고풍스러운 건물과 꽃 장식, 여유를 즐기는 사람들로 채워졌다. 지하철에서의 나쁜 기억은 점차 희석됐고 비로소 파리는 관광지의 면모를 드러냈다.

에펠탑을 마주한 순간 에펠탑의 거대함에 놀라지 않을 수 없었다. 열쇠고리 따위의 작고 예쁜 모습이 아니었다. 나는 에펠탑 주위를 몇 번이고 서성거리다 고개를 치켜들어 흐린 하늘의 에펠탑에 팔을 뻗어보았다. 에펠탑은 내 손가락을 세계에서 가장 높은 빌딩들로 변신시켜 버렸다. 나의 알량한 상식이란 외투가 벗겨짐을 느꼈다. 에펠탑이 사랑이라면 사랑은 그 무엇보

다 거대한 것이었다. 나는 귀에 이어폰을 꽂고 이 분위기와 가장 어울릴 법한 음악을 들으며 에펠탑을 응시하고 한참 동안 앉아 있었다. 하늘은 짙은 잿빛이 돼 있었다. 퐁피두센터에서 보는 에펠탑과 파리의 노을이 아름답다고 들었는데 오늘은 날이 아닌 것 같았다.

몽마르트르 언덕으로 가는 길, 흑인들이 에펠탑 열쇠고리를 짤랑짤랑 흔들면서 '원 유로 투피스'라고 말을 걸며 호객을 하고 있었다. 팔에 실로 엮은 팔찌를 메어주거나 랩을 하는 듯한 빠른 말로 정신없게 만들었다. 파리는 백인들만의 도시라 생각했는데 유독 유색인종이 많아 보였다. 그들 역시 파리에 기여하고 그만큼의 지분을 가지고 있는 것 같았다. 어쩌면 나 같은 외국인도 파리지앵을 이룰 수 있다는 기대를 하게 만들었다. 호객꾼들을 뿌리치고 거리 화가의 성지 몽마르트르 언덕으로 향했다. 수많은 예술가를 배출한 예술가의 마을이다. 또한, 위대한 예술가를 꿈꾸는 이들이 몽마르트르에서 창작을 하고 있는 거리 화가라 할 수 있었다.

언덕 초입부터 거리 화가들은 유창한 한국어로 호객을 하고 있었다. 아기자기한 상점이 있는 작은 골목을 지나자 몽마르트르 광장이 나왔다. 그곳엔 거리 화가들로 가득했다. 풍경화를 그리는 화가, 자신의 작품을 들고 나와 판매하는 화가, 하염없이 손님을 기다리는 화가, 퍼포먼스를 하는 화가 등. 시끌벅적한 시골 장날을 떠올리게 했지만, 예술가 특유의 섬세함이 묻어났다.

이곳 화가들은 어떻게 그리는지 궁금해 처음부터 완성될 때까지 뒤에서 지켜봤다. 한국의 거리 화가들은 작은 화첩에 세밀하고 최대한 닮게 그리는 반면 이들은 커다란 2절 크기의 종이에 목탄으로, 똑같지는 않지만 시원시원하게 그려나갔다. 개성 넘치는 그림이 멋졌고, 거리에서 초상화 그릴 기회가 생긴다면 이들의 화풍을 흉내 내보고 싶었다.

날씨가 흐려 퐁피두센터를 가는 것을 내일로 미루고 오후 내내 마음 놓고 화가들의 작품을 관찰했다.

파리의 또 다른 대표 장소 루브르와 오르세를 방문할 예정이었다. 오늘은

다행히 날씨가 좋았다. 학부 시절 예술의 전당이나 시립미술관에서 명화 전시를 하면 반드시 찾아가서 작품들의 붓질 하나하나를 관찰했지만, 어느 순간 싫증이 났다. 종일 미술관에서 그림만 보고 있자니 어지럽고 답답했다. 그렇다고 현지의 루브르, 오르세를 안 가면 직무유기가 아닌가. 무엇보다 모나리자를 안 본다는 건 말이 안 된다.

세상에 두 부류의 일이 있다고 하자. 하나는 일을 하면 할수록 결실에 가까워지는 일과 또 하나는 일을 하면 할수록 결실과 멀어지는 일이다. 그림은 후자다. 결과물이 있다 하여 슈퍼마켓에서 저가에 팔 수는 없는 노릇이다. 이런 범주를 벗어난 그림이 있다면 그 그림은 분명 오르세에 있다고 해도 과언이 아니다. 그 그림들은 유명 인사여서 역을 개조한 집에 살며 언제든 자신을 원하는 곳으로 떠날 준비를 하고 있었다.

오르세에서 작품보다 눈길을 잡는 것은 따로 있었다. 미술관 안에서 남녀

노소 가리지 않고 모작하는 프랑스인들의 모습이었다. 수백억을 호가하는 진품들 앞에서 일반인들이 언제든 모작할 수 있는 파리의 문화는 또 한 번 내 상식을 내려놓게 했다. 모작을 하는 이유는 모르겠지만 그들에게 예술은 유행이나 생활과 꽤 밀접해 보였다. 그들 사이에서 모작하고 싶은 충동에 사로잡혔지만, 모나리자를 위해 오르세에서 나왔다.

루브르에서도 모작하는 사람들을 쉽게 찾아볼 수 있었다. 더는 참을 수 없었다. 모작을 하는 할머니 뒤에 자리 잡고 스케치북을 꺼내 모작을 시작했다. 이것이 진정한 파리지앵 아니겠는가. 그런데 작품보다 모작을 하는 할머니가 어느새 시야를 빼앗았다. 할머니는 왜 모작을 하고 있을까. 그림의 성취를 위해서라면 이미 늦었을 텐데. 한참을 고민해 봤지만, 알 수 없었다.

시간이 늦어졌다. 빠른 걸음으로 모나리자로 향했다. 모나리자 전시관으로 향하는 길에 사람들이 긴 줄을 서 있었다. 그것에 신경 쓸 새 없이 걸음을 재촉하는데 묘하게 그 줄이 나를 따라오는 느낌을 받았다. 나는 순간 눈에 바늘이 박힌 기분이었다. 그 줄은 모나리자가 있는 전시관 앞에서 절정을 이뤘다. 세계에서 가장 유명한 그림을 쉽게 볼 수 있을 거라는 안일함에 화가 치밀었다. 또한, 모나리자 관람 후 퐁피두센터에서 파리의 노을을 볼 계획에 심각한 착오가 생겼다. 오후 5시면 에펠탑에 태양이 걸린다.

'모나리자냐, 파리의 노을이냐.'

나는 결국 택시에 올라탔다. 다음 주에 다시 야간버스를 타고 모나리자를 보러 가기로 했다.

퐁피두센터가 눈에 보였지만 택시는 가다 서기를 반복했다. 그사이 가로등과 상가에 불이 켜지고 있었다. 나는 택시에서 내려 퐁피두센터까지 달려

야 했다. 흔한 말로 태양은 우릴 기다려주지 않는다.

거친 숨을 내뱉으며 퐁피두센터의 전망대에 올랐을 때 눈앞에 펼쳐진 파리의 전경은 불같던 심장을 차갑게 식혀버렸다.

"Loving 파리."

노을에 잠긴 도시는 바다의 물결 같았고 그 끝에 에펠탑은 홀로 솟아 사랑을 잃은 이들에게 길을 제시하고 있었다. 파리의 노을은 어떤 예술품보다 아름다웠고 꽃을 그리는 나에게 풍경을 그리고 싶다는 욕구를 심어 주었다. 인생의 방향을 잃었다면 파리에 가보자.

PAUL
PAUL

프라하, 체스키

어학원으로 정신없는 한 주를 보낸 후에 베를린 대성당에 갔다. 베를린 대성당은 독일의 딱딱하고 육중함을 그대로 담아낸 건축물이다. 나는 가끔 머리가 복잡할 때 이곳을 찾았다.

성당 앞 나무 아래를 걷고 있는데 나무를 사이에 두고 중년의 두 남자가

내 옆을 걸었다. 한 남자는 금발에 덩치가 크고 다른 한 남자는 마른 체구에 목이 지나치게 앞으로 나와 있었다. 덩치 큰 남자는 직장과 가정의 고민거리를 하소연했다. 덩치 큰 남자의 말이 끝나자 마른 남자가 고개를 돌려 말했다.

"자네에겐 휴식이 필요해. 프라하로 가 봐. 가끔은 생각하지 말아야 할 때가 있어. 친구에게는 지금 자신만의 시간이 무엇보다 중요해."

우리에게도 휴식이 필요하지 않은가. 말이 나온 김에 프라하로 가보자.

베를린에서 프라하까지는 직통 기차가 하루에 서너 대 있고 왕복 요금이 100유로가 안 될 정도로 저렴했다. 고민할 이유가 한 가지 사라진 셈이다.

베를린 시내를 벗어난 기차는 끝없이 펼쳐진 유채꽃 들판을 달렸다. 눈이 시릴 만큼 유채꽃 들판은 계속되었고 그 길이 끝날 무렵 기차는 완만한 산지를 달려 엘베강과 만났다. 기찻길은 기암절벽 사이의 엘베강 지류를 타고 뻗어있었다.

엘베강 상류로 물자를 실어 나르는 화물선과 관광객을 가득 실은 유람선이 지났다. 산 밑에 작은 마을들이 있었고 절벽 위에 아슬아슬하게 걸쳐 있는 고성들은 잔잔히 흐르는 엘베강과 어우러져 한껏 운치를 뽐냈다. 서유럽의 고급스러움과는 다른 묘한 스산함과 차분함에 과거로 가는 듯한 몽롱한 기분이 들었다. 그렇게 창밖으로 보이는 풍경을 즐기다 보니 어느새 다섯 시간이 지났다. 프라하의 기차역은 적당한 크기에 적당히 사람들로 붐볐고, 귓가에는 끊임없이 "나드라지 나드리라지(기차 역가)"가 울려 퍼졌다. 마른 남자의 말대로 이동에서 도착까지 보이는 것과 들리는 모든 것이 생각을 차단하고 있었다.

체코는 유로화를 쓰지 않기 때문에 환전을 해야 했다. 이때만은 반드시 정신을 차려야 한다. 잠깐 방심하면 환전 사기를 당하기 일쑤다.

환전을 하고 나서 트램을 타고 숙소로 향했다. 프라하는 수많은 전쟁이 있었던 유럽 역사에서 무사했던 몇 안 되는 도시이다. 다행인지 불행인지 총성 한 발 울리지 않고 항복해 폭격을 피할 수 있었고, 지금까지도 오래된 건물은 총알 한 자국 없이 건재했다. 그들에게 자존심과 통념은 그렇게 중요한 것이 아니었을 수도 있다. 프라하의 관광코스는 보통 구시가지의 화약탑에서 시작하여 틴성당과 광장을 지나 카를교를 건너 프라하 성에 올라 도심을 내려다보는 코스가 일반적이었다. 얼핏 봐도 수백 년이 지나 보이는 고풍스러운 건물들이 주를 이뤘고, 아기자기한 기념품 가게들, 근사한 레스토랑 등이 고건물에 현대적 감각을 선사했다. 거리는 심심할 틈을 주지 않는 각종 거리공연과 즐비한 거리 예술가들이 활기를 불어넣었다. 구시가지를 걷다 보면 눈과 귀가 즐겁고 끊임없이 오감을 자극해 왔다. 프라하는 늘 축제에 들떠있는 도시였다.

프라하 성에 오르려면 트램을 타거나 레일 기차를 타고 오르는 방법이 있지만 꼬불꼬불한 등산로를 따라 걸어갔다. 가끔 조깅이나 산책을 하는 현지인들만 보일 뿐 관광객들은 거의 보이지 않았다. 아무 생각 없이 올라가다

보니 가빠 오는 숨이 정상에 거의 다다랐음을 알려줬다. 천천히 성을 둘러 봤다. 거대한 성당, 디테일한 외부 장식들, 화려한 스테인드글라스는 아름답다 못해 숭고하기까지 했다. 관광객들은 쉴 새 없이 셔터를 눌러 댔다. 나는 멀찌감치 앉아 이들의 모습을 스케치했다.

프라하 풍경의 백미는 성에서 내려다보는 도시 전경이다. 빨간 지붕으로 도시 전체를 덮고 있고, 짙은 황톳빛 벽의 색과 빨간색 번지수 표지판이 조화롭게 어우러져 있었다. 이 황토색은 붉은 색소와 흙을 섞어 버무려 만든 것에 긴 세월이 입혀지면서 자연스럽게 바랜 색이었다. 벽의 색과 질감은 설명하기 힘든 묘한 느낌을 줬다.

시가지를 가로질러 블타바강이 흘렀다. 강을 사이로 나눠져 있는 구시가지와 프라하 성을 연결하는 다리 위로는 사람들로 붐볐고, 장난감 같은 빨간색 트램이 가끔씩 다리 위를 가로질렀다. 한눈에 들어오는 적당한 규모에, 넓은 도로가 없을뿐더러 차도 많이 다니지 않아 조용하고 평화로웠다.

프라하 성에서 아래를 바라보는데 잔디밭처럼 평탄한 녹지가 있었다. 도심의 정체 모를 녹지에 호기심이 생겼다. 보기에는 몇 분 거리 정도로 가까워 보였지만 실재 거리는 먼 감이 있었다. 녹지의 정체는 포도밭이었다. 도시의 건물들에 눈이 팔려있던 나에게 포도밭은 비밀의 정원처럼 뜻밖의 선

물이었다. 포도밭 옆에 있는 조그만 카페는 현지인으로 보이는 사람들로 몇 개의 테이블이 채워져 있었다. 조용했고 프라하의 색다른 면을 만끽하기에 좋은 장소였다.

해가 지면 또 다른 프라하가 펼쳐졌다. 그 중심은 바로 카를교였다. 청명한 어둠이 도시를 덮을 때, 카를교의 조각상들은 가로등 빛에 반사되어 웅장함을 뽐냈다. 멀리 보이는 프라하 성과 도시 전체에서 뿜어져 나오는 주

황색 은은한 조명이 프라하의 밤을 장식하고 있었다. 다리 위에는 연인들로 가득했고 그들은 자연스럽게 입맞춤했다. 어김없이 각종 거리공연이 펼쳐져 흥을 고조시켰고 화가들은 그 순간을 포착해 종이 위에 그려내고 있었다. 카를교 위의 프라하의 야경은 황홀하기까지 했고 웃음과 환호가 끊이지 않았다.

카를교를 뒤로하고 구시가지로 발길을 옮기자 낮과는 다른 오색찬란한 야시장 풍경이 펼쳐졌다. 호객꾼들이 클럽 홍보를 위해 관광객들에게 말을 걸었고, 레스토랑과 술집, 노천카페에는 밤이 늦도록 사람들로 인산인해였다. 다양한 유리공예 기념품과 알록달록한 목각 인형들이 빛에 반사되어 거리의 화려함에 한몫했다. 그렇게 구시가지의 불거리에 현혹되어 헤매다 보면 밤이란 걸 잊어버린다. 조금 지쳤을까, 나는 초록색 간판 집에서 1리터 흑맥주 한 잔을 마셨다.

모든 도시에는 여러 가지 면이 있지만, 프라하는 오직 즐거움만이 있는 도시였다. 즐거움에 거추장스러운 생각 따위는 필요 없었다.

그해 겨울 나는 프라하를 찾았다. 역시나 머리가 복잡해서였다. 앞으로 몇 번을 더 프라하에 올지 모를 일이었다. 프라하에서 이틀을 보낸 다음 날 화가 에곤 실레의 고향 그리고 동화 속 풍경이 찍힌 사진 한 장이 내 발걸음을 체스키로 향하게 했다. 체스키는 프라하의 남쪽에 있는 작은 마을이었다.

1월의 매서운 추위를 뜨거운 커피 한 잔으로 녹이고 버스에 몸을 실었다. 눈 쌓인 하얀 벌판 사이 2차선의 좁은 도로를 따라 3시간 정도 이동하니 체스키에 도착했다.

가끔은 아무런 생각도 하고 싶지 않을 때가 있고 또 가끔은 말이 필요 없을 때가 있다. 체스키가 그랬다.

런던

영국에서 공부 중인 친구가 베를린에 놀러 왔다. 덕분에 자의 반 타의 반으로 런던을 가게 되었다. 저가 항공을 이용하면 왕복 100유로도 안 되는 저렴한 가격에 빠르게 런던으로 갈 수 있지만, 나에게는 심각한 고소공포증에 폐소공포증까지 있어 할 수 없이 300유로가 넘는 기차를 선택할 수밖에 없었다.

1월 1일 새벽 4시 30분 기차를 예매했다. 독일의 12월 31일, 질베스터(Silvester)는 친구들과 놀며 새해맞이 폭죽을 터트리는 날이다. 폭죽 소리가 귀신을 쫓는다고 해서 가공할 만한 소리의 폭죽을 터트렸다. 31일부터 1일까지 귀에 감각이 없을 정도로 쉴 새 없이 터지는 폭죽 소리를 들으며 새벽에 기차역으로 향했다.

런던까지는 16시간이 걸렸고 기차를 4번이나 갈아타야 했다. 그래도 베를린 – 쾰른은 동독과 서독의 풍경을 비교하며 구경하기 좋았다. 쾰른 – 브뤼셀 구간은 독일과 벨기에, 두 나라의 풍경을 비교하며 구경하기 좋았다. 중간중간 각 나라의 안내방송이 달랐고, 다양한 국적과 인종의 사람들을 보고 있으면 시간 가는 줄 몰랐다.

중간 지점인 브뤼셀 미디역에 도착했다. 브뤼셀 미디역은 유럽 각국의 기차들과 유로스타까지 정차하여 규모가 크고 복잡했다. 복잡한 입국 심사를

거쳐 여권에 도장을 받고 나서야 유로스타 플랫폼에 입성했다.

'유로스타'라는 이름에서 SF 영화를 연상케 하는 화려한 외관을 기대했지만, 눈앞에 있는 기차는 초라하기 짝이 없었다. 낡고 지저분한 겉모습에 배신감을 느끼며 안으로 들어가니 객실은 반쯤 비어 있었다. 어두컴컴한 조명 아래 얼룩이 잔뜩 묻은 좌석에 앉았다. 브뤼셀에서 런던까지는 약 두 시간, 그중 도버해협 해저터널을 약 25분간 통과해야 했다. 기차는 비행기가 난기류를 만났을 때처럼 흔들리는 최악의 승차감을 선사해 주었다. 마침내 기차는 도버해협 해저터널로 진입했다. 일정한 간격으로 배치된 터널 조명이 빠르게 지나치는 반복적인 현상에 기차가 달리고 있다는 것만 짐작했다. 유학생활이 길어지며 심해진 각종 공포증이 나를 짓눌렀다. 꽉 쥐어진 손바닥은

이미 땀으로 흥건했다. 끝나지 않을 것만 같던 터널도 끝이 보이기 시작했다. 멀리 보이는 구체의 빛은 점점 커졌고 그 빛이 나에게 쏟아지자 안도감에 젖었다. 의자에 편히 기대 창밖으로 보이는 런던의 풍경을 멍하니 바라보았다.

런던의 북동쪽에 있는 인터내셔널 유로스타 기차역에 도착했다. 브뤼셀에서 까다로운 탑승수속과 달리 입국 수속 게이트에는 무장한 경찰 서너 명만 서 있을 뿐 수월하게 빠져나올 수 있었다. 게이트를 나오자 친구가 환한 미소와 함께 'Welcome to London'이라고 인사를 건넸다.

런던의 공기를 한껏 들이마시며 천천히 주위를 둘러봤다. 처음 눈에 들어오는 건 빨간색 이층버스였다. 벽돌로 깔끔하게 쌓아 올린 작고 낮은 건물들 사이를 이층 버스와 자동차, 사람들이 지나다녔다. 유럽에서 가장 많은 인구가 사는 도시라는 명성에 비해 길은 좁고 구부러졌다. 도시는 미니어처처럼 오밀조밀 예쁘게 가꾸어 놓은 정원 같았다.

버스를 타려 길을 건너기 전 습관적으로 왼쪽을 봤는데 자동차 뒷모습이 보여서 약간 당황스러웠다. 영국은 좌측통행이다. 빨간색 버스 이층 맨 앞자리에 자리를 잡고 친구 집으로 향했다. 시내 도로는 4차선이지만 폭이 좁아 2차선처럼 보였고 커브가 많아 버스 기사는 핸들을 돌리느라 분주했다. 열악한 도로 환경에 길이가 짧은 이층 버스는 당연한 대안이었다.

친구와 새벽까지 수다를 떨다 잠이 든 다음 날, 본격적으로 런던을 만나러 갔다. 1월이지만 런던은 봄이었다. 부슬비가 내렸고 사람들 옷차림은 가

벼웠다. 첫 목적지는 타워 브리지다. 런던 지하철이 세계에서 가장 오래된 지하철이라고 하는 이야기를 듣고 일부러 지하철을 타려고 숙소와 먼 지하철역까지 걸어갔다. 파리 지하철 정도의 위생 상태를 예상했지만, 영국 지하철역은 의외로 깨끗하고 알록달록하게 잘 꾸며놨다. 반구 모양의 지하철 통로, 좁은 폭은 파리 지하철과 닮았지만, 내부는 깔끔했다. 지하철을 관찰하는 동안 런던 브리지역에 도착했다.

비는 그치고 짙은 구름 사이로 귀한 햇살이 내려왔다. 강을 따라 5분 정도 걸었을까, 낯익은 다리가 보이기 시작했다. 직접 마주한다는 건 항상 설렌다. 이곳에 왔다는 흔적을 남기려고 타워 브리지 벽을 손으로 만져도 보고, 난간에 기대어보며 반대편으로 걸어갔다. 주변을 자세히 관찰하며 다음 목적지 트라팔가 광장으로 이동한 뒤 빅벤으로 향했다. 트라팔가 광장은 생각보다 소박해 보였고 빅벤은 규모와 웅장함이 멋지긴 했으나 생각만큼의 감동은 없었다.

예상치 못한 모습은 따로 있었다. 런던의 변두리가 아닌 가장 중심에 있는 차이나타운이었다. 런던 중심가에 구릿빛 베이징덕이 줄지어 걸려있는 풍경이었다. 호기심이 동해 중국 상점에서 판매하는 베이징덕, 딤섬, 각종 아시아 식자재를 재미있게 구경했다.

피카디리 거리로 가는 길, 건널목에서 신호가 바뀌기를 기다렸다. 그런데 검은 코트의 작은 한국인 여자가 내 옆에 서서 카메라 셔터를 눌러댔다. 우리는 잠깐 눈이 마주쳤다. 가장 유럽적인 도시 런던에서 차이나타운을 보고 한국 여자와 신호를 기다리고 있으니 뭔가 재미있다는 생각이 들었다.

빨간색 불은 좀처럼 파란색으로 바뀌지 않았다. 어느 나라든 다를 바 없

는 신호등, 그리움 때문이었을까. 잠시나마 서울의 거리가 떠올랐다. 피카디리 거리의 코벤트 가든을 걸었다. 걷는 길에 재래시장이 있었다. 재래시장은 그 나라의 전통음식이나 특산품들을 저렴한 가격에 맛보고 구매할 수 있으므로 여행을 할 때마다 들르는 곳이다. 런던의 재래시장은 깔끔했고 고급스러워 보였으나 전체적으로 비쌌다. 심지어 영국의 먹거리는 그 어떤 것도 식욕을 자극하지 못했다. 사람들은 스페인 음식인 빠에야나 피시 앤 칩을 사기 위해 줄을 섰고, 앉을 자리가 없어 서서 먹고 있었다. 세계 최고라고 자부하는 그들이지만 영국 음식의 위상은 한없이 초라해 보였다.

영화 〈노팅힐〉을 보았는가? 중심가를 벗어나 노팅힐 거리로 가면, 휴 그

랜트의 서점이 있다. 노팅힐 거리는 영국만의 독특한 건축 양식의 작고 낮은 건물들이 언덕을 따라 길게 늘어서 있었고 상점마다 개성 넘치는 공예작품부터 골동품까지 다양하게 진열되어 있었다. 같은 목적을 가지고 있는 전 세계에서 온 관광객들 덕분에 어렵지 않게 서점을 찾을 수 있었다.

잠시나마 휴 그랜트가 될 수 있을 거란 기대를 했지만, 서점은 너무 작았고 사람들은 너무 많았다. 아쉽지만 다음 목적지로 향했다.

대영박물관을 향해 걸었다. 박물관 앞에 조그만 동양 여자가 오래된 음식점 간판을 카메라에 담고 있었다. 단번에 건널목에서 보았던 한국 여자임을 알 수 있었다. 그녀를 지나쳐 대영박물관 입구에서 안내판을 보고 있었는데 누군가 한국말로 말을 걸어왔다.

"혹시 영 선생님 아시나요?"

한국말에 놀라 본능적으로 뒤돌아보았다. 창백한 얼굴에 반쯤 넋이 나가 있는 표정의 한국 여자가 내 앞에 서 있었다.

"어? 너 손 ○○?"

온몸에 소름이 돋았다. 그녀와 눈을 마주치는 찰나 나는 우주의 섭리를 이해할 것 같았다. 아무 약속도 없이, 몇 년간 연락 한 번 안 했던 친구를 런던에서 만나다니. 그 친구도 나도 눈을 동그랗게 뜨고 동시에 물었다.

"네가 왜 런던에 있어?"

그 친구는 오늘 두 번이나 마주쳤던 키 작은 여자였다. 조금 전에는 왜 알아보지 못했을까. 서울에서 수없이 지하철을 탔어도 아는 사람 한 명 만나지 못한 나였기에 어쩌면 당연한 일이었을까.

박물관 앞 오래된 카페에 앉아 그간의 안부를 물었다. 그 친구는 런던으로 미술 공부를 더 하러 왔다고 했다. 우리는 꽤 긴 이야기를 했다. 일상적인 대화였지만 어디에서도 찾을 수 없는 즐거움을 주었다.

카페에서 일어나 아쉬운 작별을 하고, 돌아가는 친구의 뒷모습을 지켜봤다. 그 친구를 만난 건 행운이었다. 그리고 행운은 조금씩 멀어져 갔다. 예전엔 왜 행운이 행복으로 이어져야 한다고 생각했을까. 지금처럼 행운을 단지 운으로 남겨놓았다면 어땠을까.

이제 검은 코트의 작은 친구는 보이지 않았다. 평생 로또가 될 수 있는 행운이 한 번 있었는데 그것을 오늘 써버린 것 같았다.

행운은 즐거운 일이다. 악명 높은 영국 물가와는 다르게 모든 국립 박물관과 미술관의 입장료가 무료였다. 다른 나라 박물관이나 미술관은 입장료가 10유로 많게는 20유로인데 이 얼마나 즐거운 일인가. 부담 없이 대영박물관과 내셔널갤러리 등을 둘러보았다. 가장 흥미롭게 보았던 장소는 테이트 모던과 사치 갤러리이다. 학창 시절에 배운 내용이 현실이 되어 눈앞에 있었다. 런던의 테이트 모던이나 파리의 퐁피두센터는 꿈과 같은 전시공간이다. 언젠가 나도 예술가로서의 명성을 얻게 된다면 이 장소에서 개인전을 할 수 있지 않을까, 기분 좋은 상상을 해 보았다.

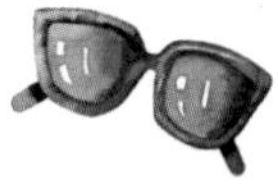

스톡홀름

겨울 추위가 한풀 꺾인 3월 초, 북유럽 3개국 스칸디나비아 여행을 준비했다. 내가 북유럽을 여행할 거란 소리에 독일인 친구가 웃으며 말했다.

"북유럽에서 돌이 되고 싶지 않거든 거울을 보지 마."

친구의 수수께끼 같은 말을 듣고 스칸디나비아로 떠났다.

베를린에서 스톡홀름까지는 4번 기차를 갈아타야 했는데 약 16시간이 걸렸다. 새벽 4시 35분 첫차에 올라, 한 시간쯤 달렸다. 기차는 독일의 마지막 역에 정차했는데 안내방송이 흘러나왔다. 기차를 배에 태우기 위한 작업을 하고 있으니 그 후에 밖에 나가라는 내용이었다. 어리둥절해서 창밖을 보니 기차가 배 안으로 들어가는 믿지 못할 현상이 일어나고 있었다. 뱃고동 소리가 요란하게 울렸고 기차를 타고 크루즈 여행을 하는 아이러니는 유럽의 최상단의 나라에 대한 호기심을 더했다.

검은 발트해를 30분쯤 건너자 기차는 다시 땅 위의 철로를 타고 목적지로 달려갔다. 코펜하겐에서 환승해야 했고, 코펜하겐에서 출발하는 스웨덴 고속 열차는 스톡홀름까지 5시간을 더 가야 했다. 스웨덴 기차는 좌석이 넓었고 특히 천장이 높았다. 3월이었지만 창밖의 침엽수림에는 아직 눈이 쌓여있었다. 간혹 보이는 작은 마을에는 굴뚝의 하얀 연기가 인적을 표시하고 있었다.

내가 기차 여행을 고집하는 이유는 고소공포증 때문만은 아니다. 유럽의 많은 사람이 기차 여행을 선호한다. 단지 목적지만을 위한 여행이 아닌 이동 자체에서 여유와 평온을 찾는 것이다. 밤 9시가 넘어서 스톡홀름에 도착했다. 시간이 늦어 스톡홀름의 차가운 공기를 마음껏 음미할 새도 없이 시간이 늦어 급히 환전소를 찾아 환전했다. 거리는 바둑판 모양으로 건물들이 세워져 있어 숙소를 찾기는 어렵지 않을 것 같았다. 제설 작업용으로 뿌려놓은 조그마한 돌들이 캐리어 바퀴에 걸리는 소리가 조용한 거리를 울렸다.

숙소 간판을 발견해 안도하기도 잠깐, 간판 뒤에는 호텔이 아닌 아파트가 서 있었다. 당황하지 말자고 다짐하며 제설용 모래가 뿌려진 아파트 주변을 살폈다.

20분을 돌아봐도 예약한 호텔의 상호를 하고 있는 것은 아파트뿐이었다. 어찌나 조급했던지 나도 모르게 조깅을 하는 스웨덴 여자를 불러 세워 도움을 청했다. 그녀는 대수롭지 않게 예약한 종이에 적힌 호텔로 전화를 걸었다. 통화를 끝낸 그녀는 아파트의 공동 현관문으로 다가가 비밀번호를 눌렀다. 유리 문이 열리자 그녀는 살짝 미소를 지으며 3층으로 올라가면 된다고 했다. 감사하다고 말하며 고개를 숙이려다 나도 모르게 그녀를 멍하니 바라보고 있었다. 그녀는 상당한 미녀였고 스톡홀름에서 가장 예쁜 여자가 아닐까 싶은 생각이 들 정도였다.

3층에 올라가자 백발을 곱게 빗어 넘긴, 멋진 할아버지가 문을 열어 주었다. 할아버지는 능숙한 영어로 호텔 이용 시 유의사항을 설명해 주는 데 일류 호텔의 지배인처럼 흐트러짐이 없었다. 이 호텔은 약 10층짜리 큰 아파트 건물에 방이 많은 한 층을 빌려 운영하는 방식이었다. 긴장이 풀리자 허기가 몰려왔다. 북유럽의 물가는 살인적이라는 말을 수없이 들어서 이번 여행에는 먹을 것을 많이 챙겼다. 라면 그리고 소시지로 스웨덴에서의 첫날 밤을 보내야 했다.

다음 날, 스웨덴의 3월은 낮 시간이 몇 시간밖에 안 될 정도로 짧았다. 아침부터 서두를 필요가 있었다. 빌딩 숲의 신시가지는 고급스러웠다. 검은색을 섞은 탁한 외벽의 건물에 유명 프랜차이즈 샵과 명품 샵들이 줄지었고 인테리어의 원조라는 명성에 걸맞게 격조 있는 내부는 발걸음을 멈추기에 충분했다.

세련된 거리를 걷다 뭔가 어긋남을 느꼈다. 틈 없이 잘 짜인 보도블록 때문이었을까. 돔 위에 콘이 세워진 지붕들 때문이었을까. 한동안 주변을 살폈지만 어떤 이유로 어긋남을 느끼는지 몰라 답답했다. 그 이유를 찾아 얼마나 고개를 부산하게 돌렸던지 길을 가는 남자와 부딪쳤다. 얼굴이 어깨에 부딪힐 만큼 그는 키가 컸다. 그뿐만이 아니었다. 금발의 머리를 뒤로 쓸어 넘겼고 짧은 수염이 코와 입을 부각하는 동시에 턱을 갸름하게 만들었다. 그는 에메랄드빛 눈동자로 웃음을 치며 오히려 괜찮냐고 물었다. 놀라울 정도로 영화배우라 해도 의심의 여지가 없는 외모였다. 그와 헤어지고 다시

주변을 살폈을 때 그 남자에겐 참았던 탄성이 나왔다.

보통 여행을 하다 보면 자연경관이나 건축물들에 눈이 간다. 그것들은 대체로 멈춰 있고 시야는 멈춰 있는 것에 편안함을 느낀다. 그래서 볼 수 없었다. 거리를 걷는 사람들이 달랐다는 것을 말이다.

스톡홀름 사람들은 대체로 키가 크고 날씬했으며 작은 얼굴을 가지고 있었다. 패션 감각 또한 뛰어나 그들의 이상적인 인체를 더욱 돋보이게 했다. 긴 팔과 긴 다리로 우아하게 걷고 있는 그들을 보고 있자면 다른 차원으로 환치되고 있다는 느낌마저 들었다. 어릴 적 스웨덴 가수 야키다에 열광한 적이 있었는데 그들의 우월한 미모가 우연이 아니라는 것을 알려주고 있었다. 지구의 최상단의 나라들은 외계와 연결되어 있다고 말이다. 그들에게 홀려 두리번거리던 중 쇼윈도 뒤편의 거울을 보았다.

"Oh, My God."

돌이 된 기분이랄까? 왠지 우울했다. 외모는 떨어지지 않는다고 자부하며 살았는데, 상당히 우울했다. 겸손해지자. 세상 겸손하게 살아가자. 거만한 자신을 반성하고 싶다면 스톡홀름에 가봐야 한다.

신시가지를 통과해 구시가지로 향했다. 스톡홀름 왕궁을 지나 도착한 구시가지는 한산했다. 인도는 돌이 깔려 있었다. 건물 색은 신도시와는 달리 부드러운 색으로 칠해져 있었고 건물의 지붕이 계단식으로 좁아지는 형태가 독특했다. 기념품을 파는 상점마다 국왕으로 보이는 사진엽서가 가득했다. 노벨상을 수여하는 장소의 이정표가 있어 그 길로 걸었다. 화려한 건물을 기대하며 그곳으로 갔는데 한국의 작은 동사무소 크기의 소박한 건물에 놀랐다. 구시가지 중앙에는 조그만 광장이 있었다. 광장 중앙에는 오래된

분수 하나가 조용히 물을 쏟아내고 있었다. 광장의 건물들도 오랜 세월의 흔적이 스며들어 깊고 은은한 색을 발했다.

골목은 항구 쪽으로 이어졌다. 항구에는 레스토랑이나 숙소로 활용하는 범선들과 수많은 요트가 겨울 파도에 버틸 수 있게 단단히 묶여 있었다. 산책로를 따라 미술관, 박물관 등 관광 명소들이 줄지어 있었다.

항구의 언덕에 오르자 항구와 구시가지의 풍경을 한눈에 볼 수 있었다. 스톡홀름은 많은 섬으로 이루어져 있었지만 대부분 다리로 이어져 있어 섬인지 내륙인지 체감되지 않았다. 다시 내려가 많은 다리 중 하나를 걸어갔다. 또 다른 다리를 만날 때마다 마치 다른 나라에 가는 것처럼 섬마다 분위기가 달랐다.

바다 건너편의 항구는 소란스럽지 않은 모습이었다. 나는 바다 건너의 구시가지 모습을 스케치하기 위한 준비를 했다. 건물들은 잘생긴 스웨덴 사람들이 포즈를 취하고 있는 것처럼 자신만만해 보였다. 그렇지만 건물 하나가 휴대폰에 들어올 정도로 작게 보였다. 그 안에 내가 사랑했던 사람도 아른거렸다.

멀리서 보면 그냥 지나쳐버릴 수 있는 일들을 왜 그 안으로 들어가 조바심을 냈을까. 예전에도 말이다. 시작은 순수하게 상대가 좋았을 뿐이다. 가까이 있길 원했다. 가까이 있지 않다면 끝없이 멀어질 것 같아 두려웠다. 그것이 이루어졌을 때, 나는 내가 더 존중받길 바랐고 내가 만든 규칙에 상대방이 따라줘야 한다고 생각했다. 결과는 끝없이 멀어졌다. 어쩌면 우리는 가까이에 있으면서 멀리 있었던 모습을 보려 했던 건 아닐까. 조금 욕심을 버리고, 더 겸손해야 했다.

스케치하던 중 나는 내 그림이 변화하고 있음에 놀랐다. 평소 강박관념 때문에 선 하나하나에 신경 써 선들이 분리된 느낌이었다면, 지금은 선이 반듯하지 않음에도 선과 선이 이어지고 있었다. 내 그림답지 않게 과감해져 있었고 마법처럼 한 단계 상위의 그림을 그리고 있었다. 스톡홀름 사람들의 외모는 나를 겸손하게 만들었고, 겸손은 속박을 풀고 변화를 모색하고 있었다. 나는 이 느낌을 잃어버리지 않기 위해 계속해서 그림을 그렸다.

스케치를 마무리하고 언덕 위 마을 탐험을 계속했다. 절벽 위의 오래된 집들과 낮은 담에 예쁘게 가꾸어진 정원이 있는 길, 기분이 좋아 힘든 줄 모르고 걸었다. 초등학교가 나왔고 공놀이하는 아이들이 예뻐 카메라에 담았다. 자동차 소음 하나 없이 귀에 들리는 소리라고는 새들의 지저귐과 아이들의 웃음소리뿐이었다.

오슬로

스톡홀름 중앙역에 도착해 오슬로행 기차를 기다렸다. 기차는 9시에 스톡홀름에서 출발하여 오슬로까지 약 6시간 걸리는 고속 열차였다. 기차는 출발했고 중간중간 호수와 작은 마을을 지나쳤다.

유럽 북쪽 끝에 위치한 노르웨이의 국경을 넘었을 때 기차가 정차했고 앞뒷문으로 동시에 건장한 체격의 경찰들이 들어왔다. 노르웨이는 EU의 회

원국이 아니어서 여권 검사가 엄격한 데다 난민 문제로 분위기가 삼엄했다. 나와 같은 칸에 앉아 있던 아랍인 한 명이 짐과 함께 기차 밖으로 끌려 나갔다. 경찰들은 나에게도 다가와 여권을 보여달라며 이것저것 물어왔다. 방문 목적과 현재 거주지 등등의 질문 세례와 여권, 학생증, 독일 비자 등 나의 신분을 증명할 수 있는 모든 것을 보여준 후에야 이들은 웃는 모습으로 땡큐라고 말했다. 나도 모르게 한숨이 나왔고 기차는 다시 천천히 출발했다. 하늘로 뻗은 침엽수들의 우거진 숲으로 기차는 계속 달렸다.

오슬로 중앙역에 도착했을 때는 오후 3시가 안 된 시간이지만 이미 해가 저물어 있었다. 날씨는 추웠고 짙은 먹구름이 하늘을 메운 데다 뿌연 안개까지 깔려있었다. 으슥할 만도 한데 도시는 더없이 깨끗해 시크한 감을 주었다.

환전을 하고 나서 오슬로 왕궁 근처의 숙소로 향했다. 노르웨이 사람들은 스웨덴 사람들에 비해 상대적으로 키가 작았다. 《걸리버 여행기》에서 거인국을 여행하고 돌아온 걸리버는 작은 사람들이 보잘것없어 다시 여행을 떠났다고 했다. 그 정도는 아니지만 묘한 자신감이 생기는 것은 어쩔 수 없었다. 거울 따위는 보지 말자.

왕궁은 얕은 언덕 위에 있었고 정문에서 두 명의 근위병만이 커다란 왕궁을 지키고 있었다. 큰 건물 하나가 덩그러니 있어 화려하진 않았지만 넓은 정원이 구색을 갖췄다. 왕궁 정원을 가로질러 숙소로 향했다.

피곤했지만 짐을 대충 풀고 저녁 장을 볼 겸 오슬로 거리로 나왔다. 왕궁에서 걸어서 5분 거리, 시내로 들어가는 입구에 국회의사당이 있었다. 국회 건물은 작고 소박해 동네 도서관처럼 보일 정도였다. 노르웨이 국회의원이 자전거를 타고 출퇴근하는 모습을 티브이에서 본 적이 있는데 주차장이 없으니 당연하다면 당연한 일이었다.

유럽에서 가장 물가가 비싼 도시가 오슬로다. 애초에 레스토랑은 염두에 두지 않았다. 그렇다고 빵 몇 조각으로 끼니를 때울 수는 없어 슈퍼마켓을 이용하기로 했다. 한국에서 먹었던 연어가 대부분 노르웨이산이었기에 질 좋은 해산물이 많을 거라 기대하고 슈퍼마켓에 들어갔다.

그런데 연어 회는 고사하고 훈제되거나 포장된 가공품뿐이었다. 실망스러워 소시지를 골랐는데 독일에서 1~3유로 하는 소시지를 5유로 이하로는 찾을 수 없었다. 설마 하는 마음에 야채 코너로 갔더니 한 망에 1유로 하던 양파는 한 알에 2유로, 맥주 한 캔의 가격은 무려 5유로였다. 가격표 앞에 충만했던 자신감은 온데간데 없었고 스톡홀름에서 돌이 되었던 기분을 오슬로에서도 느껴야 했다. 최대한 간소히 장을 봤지만 한 끼 식사에 20유로

넘게 지출해버렸다. 복지가 좋은 나라의 물가가 비싼 것은 이해하지만 가난한 여행객에게 오슬로의 물가는 너무 가혹했다.

3월 초의 오슬로는 추워도 너무 추웠다. 창밖에는 눈이 섞인 비가 내리고 있었다. 유럽 사람들은 우산을 잘 쓰지 않는데 오슬로도 마찬가지였다. 웬만한 비는 그냥 맞고 다니거나 아웃도어 외투의 모자를 올려 쓰면 그만이었다.

독일에서의 일이었다. 독일 친구와 거리를 걸으며 인상파와 낭만파에 관해 토론하고 있었다. 그러던 중 빗방울이 떨어졌고 나는 습관적으로 뛰어 처마 아래서 비를 피했다. 독일인 친구는 천천히 걸어와서 짜증 섞인 목소리로 소리쳤다.

A N

"도대체 왜 뛰어가는 거야?"

왜냐고? 머리 스타일이 망가지니까, 빗방울이 차가우니까, 라고 말하려다 얼굴이 화끈거려 그만뒀다.

궂은 날씨 때문인지 인적이 드물고 조용했다. 높은 빌딩들이 군락을 이루고 있었고 중앙역을 거쳐 항구 쪽으로 걸었다. 오슬로의 새로운 랜드마크인 오페라하우스가 검푸른 바다 옆에 대비되어 새하얀 자태를 뽐냈다. 항구에 다다르자 바다를 향해서 넓은 광장을 끼고 오슬로 시청이 보였다. 스톡홀름 시청도 그랬지만 오슬로 시청도 커다란 창고에 시계탑 하나 세워놓은 느낌이었다.

시청 광장 오른편에 평범한 건물 하나가 있었는데 바로 노벨 평화상을 수여하는 장소였다. 노벨 평화상만 오슬로에서 수여하고 그 외 노벨상은 전부 스톡홀름에서 수여했다. 그 건물 외벽에도 시계가 있었다. 시청까지 오는 사이 몇몇 건물에도 외벽에 설치된 시계를 볼 수 있었다.

한국과 유럽에서 생활하면서 가장 달랐던 것을 물어본다면 나는 시계라고 답하고 싶다. 휴대폰 등의 전자시계에 익숙한 우리에게는 어느새 초라는 단위가 사라졌고 분 단위도 10분 간격으로 재편됐다. 즐거운 시간만을 기다렸고 그렇지 않은 시간을 지우는 작업을 했다. 그런데 유럽 사람들은 독일인 친구처럼 비를 맞고 거리낌 없듯이, 괴로움이나 지루함을 받아들이는 듯한 인상이었다. 시간과 흐리게 산다고 할까. 이곳은 3시면 해가 지지만 한국의 낮보다 짧다고 느껴지지 않았다. 유럽의 시계는 한국의 시계보다 두 배는 더 천천히 돌았다. 가끔 이런 궁금증이 들었다. 언어나 미술도 2년 정도의 학습이면 능숙해질 수 있는데, 몇십 년간 시간을 빨리 보내는 학습을 해버린 사람들의 시간은 얼마나 빨리 흐를까. 감히 상상할 수 없었다.

노벨 평화상을 수여하는 건물 방향으로 조금만 가면 여객터미널이 나왔다. 매표소가 전부인 여객터미널이었지만 사람들로 붐볐다. 사람들을 한가득 싫은 배는 안개가 자욱하게 낀 검게 일렁이는 바다로 멀어져 갔다. 항구는 ㄷ자 모양으로 생겼는데 가장자리에는 언덕 위에 성이 세워져 있었다. 성에서 오슬로 항구를 보고 싶어 그곳으로 향했다.

성으로 가는 길에 아주 오래된 건물들이 몇 개 있었다. 북유럽 건축 양식으로 1600년대에 세워진 건물이었다. 그중 왕관처럼 주변을 압도하는 황톳빛 건물에서 눈을 뗄 수 없었다. 나는 그 자리에서 그림 그릴 준비를 했다. 신호등 옆의 인도에서 대범하게 그림을 그리려는 내 모습에 약간 놀랐지만, 스톡홀름에서 얻은 그림에 대한 자신감은 긍정의 에너지를 주었다. 그림을

그리는 도중 흥미롭게 지켜보는 행인들도 있었고 가볍게 호평하는 사람들도 있었다.

그림이 마무리 돼가던 중 의자에 충격이 가해졌다. 자칫하면 다 그린 그림을 망쳐버릴 뻔했다. 소년은 의자에 발이 걸려 휘청거렸고 순간 나를 쳐다보더니 횡단보도를 걸어갔다. 빨간 불이었다. 놀라지는 않았다. 차가 없었으니까. 소년도 뒤늦게 빨간 불인 것을 알고 인도로 돌아왔다. 왜 인도에서 그림을 그리냐는 듯 핀잔을 주는 소년의 말에 괜히 머쓱했다.

자신감은 긍정과 추진력을 주었지만, 빨간 불로 바뀌면 그것은 거만이 되어버렸다. 우리는 이런 이유로 사랑하는 사람과 몇 번을 싸워야 했을까.

그림 그리는 것을 끝내고 계속 길을 올라가니 성으로 통하는 입구가 보였다. 성은 오슬로에서 가장 높은 장소에 위치해 있었다. 성은 돌을 깎아 쌓아 올린 것이 아니라 다양한 크기의 돌을 맞춰 세워진 성이었다. 투박하지만 거친 매력이 있었고 오랜 세월의 숨결을 느낄 수 있었다. 성 내부는 고요했고 몇 명의 관광객이 서성이고 있었다. 성을 관리하는 사람도 지키는 사람도 없었다. 건물들은 도서관이나 사무실로 쓰이고 있었고 건물들을 지나 바다가 내려다보이는 성곽으로 갔다. 절벽을 따라 세워진 성곽 위에서 바다를 보았다. 북유럽의 바다색은 검다. 지중해처럼 푸른 바다라면 더 좋았겠지만, 날씨가 흐려 검은 바다도 나름대로 운치 있었다. 한참을 빨려들 것 같은 바다를 보았다.

성에서 내려와 여객터미널을 뒤로 계속 걷다 보니 신도시가 나왔다. 건물의 커다란 유리가 운하의 검은 바닷물 위로 반짝였고 크고 작은 다리의 표면은 티 없이 깔끔했다. 거리에는 차가 다닐 수 없어 사람들이 걷는 방향이 자유로웠다. 신도시는 미래의 이상적인 도시 같았다. 미래를 그린 적 없는 나이기에 신도시는 낯설게 느껴졌다. 차가웠고, 따뜻한 숙소를 원했다.

아침 8시 기차를 타기 위해 서둘러 준비하고 숙소를 나왔다. 아직 밖은 한밤중이었고 텅 빈 거리엔 여전히 비가 내리고 있었다. 코펜하겐까지 6시간의 이동을 준비해야 했다.

코펜하겐

기차는 노르웨이 국경을 넘어 중간 환승역인 예테보리에 도착했다. 노르웨이, 스웨덴, 덴마크를 이어주는 예테보리역은 많은 사람으로 붐볐다. 환승 기차가 플랫폼에 정시에 도착했고 정시에 출발했다. 덴마크 고속 열차는 빠른 속도로 벌판을 달렸다. 마지막 여행지인 코펜하겐으로 향하는 레일 위를 말이다.

코펜하겐 중앙역에 들어서자 북적이는 인파로 약간 당황스러웠다. 며칠 동안 스톡홀름과 오슬로의 한적함에 익숙해졌는데 인구 100만이 넘는 북유럽 최대의 도시 코펜하겐의 인파는 적응하는 데 시간이 걸릴 것 같았다. 더 문제가 되는 것은 화폐였다. 며칠마다 사용하는 돈의 종류를 달리해야 했다. 스웨덴 크로나, 노르웨이 크로네, 덴마크 크로네, 머리가 아팠다.

환전을 마치고 숙소를 찾으려 역 밖으로 나왔다. 유럽에서는 좀처럼 보기 힘든 6차선의 도로에 수많은 차가 소음을 내뿜으며 빠른 속도로 달렸다. 거리는 정돈되어 있지 않았다. 쓰레기도 보였고 공사 현장이 많아 번잡했다.

숙소를 찾아 체크인했다. 북유럽에서의 1박에 100유로 싱글룸은 고시원이나 다름없었다. 방도 좁았고 화장실과 샤워실은 공용이었다. 이른 아침부터 장거리의 이동으로 지친 상태에서 두 발 뻗고 누워 쉴 수 있다는 공간이 있다는 것에 만족해야 했다.

잠깐의 휴식 후 슈퍼마켓으로 장을 보러 갔다. 스톡홀름과 오슬로에서의 슈퍼마켓 음식이 최악이었기에 같은 북유럽인 코펜하겐도 기대할 수는 없었다. 대신 전부터 코펜하겐에 오면 청어 절임을 꼭 먹고 싶었다. 청어는 발트해에서 많이 잡히는 생선으로 독일보다 생선의 질이 더 좋을 거라 생각했다. 초절임한 청어를 빵 사이에 끼워 한 끼 식사를 해결하기도 하고 반찬이나 안주처럼 먹기도 했다. 슈퍼마켓에는 청어 절임 종류가 다양해 고심 끝에 두 종류의 청어 절임을 골랐다.

숙소로 돌아와 와인과 청어 절임을 냉장고에 넣어 차가워질 때까지 기다렸다. 적당히 차가워졌을 때 덴마크 청어 절임을 입속에 넣어봤다. 독일에서 먹었던 것보다 싱싱했고 시큼했다. 시큼한 맛은 침샘을 최대로 자극해 청어의 고소한 맛을 풍부하게 했다. 식감도 부드러워 목 넘김이 좋았다. 오랜만에 만족스러운 저녁 식사에 감사했다.

코펜하겐은 동화 작가 안데르센, 레고 월드로 유명한 미항이다. 대부분의 관광객의 목적은 니하운 항구였다. 마지막 여행지인 만큼 니하운은 마지막에 가기로 일정을 잡았다. 대신 그림을 많이 그려볼 참이었다.

중앙역 주위는 아시아인이나 아랍인이 모여 사는 구역이었다. 아시아 마켓 서너 개가 한곳에 모여 있었고 할랄 식품이나 야채, 과일을 파는 아랍인과 아시아인들이 가득했다. 중앙역에서 항구 방향으로 걷다 보니 시청이 보였다. 시청은 빨간 벽돌을 쌓아 올린 사각의 거대한 건물에 첨탑이 높게 솟아 있었다. 시청을 기점으로 코펜하겐의 번화가로 들어섰다. 때마침 오늘은 주말인 데다 따뜻한 볕이 내리쬈다. 쇼핑센터와 각종 가게, 카페, 레스토랑에서 흘러나오는 음악과 수많은 인파로 거리가 들썩였다. 곳곳에 레고 상점이 있었는데 다양한 국적의 관광객들은 상품을 사기보다는 카메라에 담는 데 관심

MONSOON
ON

이 있었다.

나는 카메라 대신 붓을 집어 들었다. 스톡홀름에서는 겸손을 배웠고 겸손은 오슬로에서는 자신감으로 승화했지만, 자신감은 거만으로 변질되었다. 다시 겸손으로 돌아가야 하는가.

그건 내 의지라기보다는 사람들과의 관계에 의해서 변해갔다. 도심에는 다양한 인종의 사람들이 있었고 서로 다른 생각의 선을 가지고 있을 터였다. 선 이상의 것이 필요했다. 나는 선을 면으로 덮어버렸다. 나름 만족스러웠다.

광장에는 거리 음악가들이 공연을 하고 있었다. 각자 다른 악기를 들고 팀으로 공연하는데 그 모습이 즐거워 보여 다시 그림을 그렸다. 혼자 하는 그림보다 여럿이 할 수 있는 음악을 했다면 지금처럼 외롭지 않겠다는 생각에 푸념했다.

공연 휴식 시간이 되자 그들을 그리는 것을 눈치챘는지 멤버 한 사람이 다가왔다. 한동안 나와 그림을 보던 그가 말했다.

"나도 그림을 그릴 걸 그랬어. 그림만 그리면 되는 거잖아. 매일 멤버들끼리 전쟁을 치를 필요가 없잖아."

뒤돌아보자 그가 매력적인 미소를 지으며 말했다.

"이봐, 그림 그리는 친구. 오늘 파티에 오지 않을래?"

"No, thank you."

거절한 이유는 그가 너무 잘생겼기 때문이다. 남자 멤버 모두가 조각 같은 외모에 건강했고 빛이 났다. 그들의 놀라운 외모는 나에게 다시 겸손해지라고 강요하고 있었다.

'더 노력해 보라고, 그림 그리는 친구.'

항구에 거의 다 도착했을 무렵 넓은 광장에 많은 인파가 모여 있었다. 대리석으로 멋지게 장식된 거대한 건물들 사이에 넓은 광장이 펼쳐져 있는 왕궁이었다. 12시 정각에 거행되는 근위병 교대식을 보려고 많은 사람이 기다리고 있었다. 덴마크의 왕궁은 그동안 여행을 다니면서 봤었던 왕궁과 비교해서 손에 꼽힐 정도로 큰 규모였다. 규모에 걸맞게 멀리서부터 군악대 소리가 웅장하게 들려왔다. 스톡홀름이나 오슬로 왕궁 앞에 근위병 서너 명이 있었던 것과 비교하면 이곳은 호화로움 그 자체였다. 군악대를 필두로 근위병들이 긴 소총을 어깨에 메고 잘 훈련된 제식 동작으로 광장 쪽으로 행진해 왔다. 총 행진 인원이 백여 명은 될 정도로 규모가 컸다. 군악대의 연주소리는 대형 스피커 없이도 광장이 울릴 정도로 소리가 커서 압도되는 느낌이었다.

광장을 그냥 지나갈 줄만 알았던 이들은 광장에 도착해서는 대형을 짜고 화려한 제식 동작을 시작했다. 총을 던지고 받고, 차례대로 올리고 내리고, 기계적으로 반응하는 근위병들의 동작에 군중은 탄성과 박수를 보냈다. 예상치 못한 퍼포먼스에 나 또한 신기한 눈으로 이들의 동작 하나하나에 감탄했다. 교대식은 약 20분간 계속되었다. 교대식이 끝나고 천천히 왕궁 주위를 둘러보았다. 왕궁의 규모로 보아서 덴마크는 왕족의 권력이 크다는 것을 짐작하게 했다. 왕궁에서 5분 남짓 걸었을까? 설레는 마음에 코펜하겐에서 가장 유명한 장소인 항구 니하운에 도착했다. 약 100미터 정도 되는 거리

의 양쪽에 오색으로 칠해진 북유럽 양식의 건물들이 줄지어 서 있고. 거리를 가로지르는 깨끗한 수로에는 사람들을 가득 태운 유람선들이 하얀 물보라를 일으키며 유랑하고 있었고, 정박해 있는 많은 배들은 금방이라도 떠밀려 바다로 나갈 것 같았다. 수로를 따라 늘어선 노천카페에는 웃음이 끊이지 않았다. 바다와 이어져 있는 운하는 3월의 크리스마스 마켓이었다.

니하운 항구를 지나면 넓은 바다와 마주쳤다. 바다와 맞닿은 부분엔 산책로가 끝도 없이 이어져 있었다. 북쪽으로 걷다 보니 커다란 공원이 나왔다. 공원과 바다가 맞닿아 있는 곳에는 코펜하겐의 상징, 바로 덴마크 작가 안데르센의 인어공주 동상이 있었다. 인어공주 상을 바라보며 잠시 안데르센

의 동화에 대해 생각해 봤다.

《인어공주》, 《성냥팔이 소녀》, 《엄지 공주》를 떠올려 봤다. 그 동화들은 명백히 비극인데 비극을 읽고도 가슴이 따뜻해졌다. 그리고 동화는 끝났지만 끝나지 않은 기분이 들었다. 그 이유는 주인공이 너무 사랑스럽기 때문일 것이다. 바위 위에 홀로 앉아있는 인어공주 상을 보았다.

"우리의 사랑도 아직 끝나지 않았어."

북유럽 여행은 끝이 났다. 여행의 끝은 늘 아쉬움과 안도감이 동시에 들었다. 무거운 가방을 꾸리고 중앙역으로 향했다. 이제 올라온 길을 그대로 다시 내려가는 일만 남았다. 코펜하겐에서 함부르크까지 가는 ICE 독일 기차. 독일 기차만 봤을 뿐인데 벌써 마음이 놓이고 편안했다. 기차는 출발했고 남쪽으로 달렸다. 기차 안에서 덴마크에서 챙긴 치즈와 우유를 꺼냈다. 낙농 국가답게 치즈와 우유는 신선하고 담백해 참을 수가 없었다. 국경을 넘을 때도 여행 시작할 때처럼 기차를 배에 태웠다. 배 위에서 바닷바람을 맞으며 오늘 저녁 메뉴를 생각했다.

부다페스트

대학 입학 자격, DSH 독일어 능력 시험에 좋은 성적으로 합격했다. 시험에 합격하지 못했다면 한국으로 쫓겨났을 것이고 나의 여행도 끝나버렸을 것이다. 내 인생 최대 위기였다. 고생에 대한 보상으로 헝가리 여행을 계획했다. 헝가리는 나에게 미지의 나라였다. 동유럽에 있는 나라라는 지식 정도만 있었고 프라하까지는 몇 번 가봤지만, 더 안쪽으로 가본 적은 없었다.

예전에 본 영화 〈글루미 선데이〉 때문에 부다페스트에 대한 막연한 동경이 있었다. 이 영화는 제2차 세계대전 때 부다페스트에 있는 한 레스토랑에서의 사건을 그리고 있다. 아름다운 여주인공의 모습, 모든 것을 잃을 바에야 반쪽이라도 갖겠다는 두 남자의 간절한 사랑, 어둡고 우울하지만 고혹적인 영화였다.

부다페스트까지는 14시간이 걸렸다. 물론 기차를 타고 말이다. 혹한의 1월, 겹겹이 껴입어도 칼바람이 몸속으로 파고드는 추위를 뚫고 부다페스트 직통 기차에 탑승했다. 독일 – 체코 – 슬로바키아 – 헝가리를 이어주는 유로시티 체코 기차이다.

프라하에서 기차 안의 대부분의 사람이 내렸고, 다시 사람들로 채워졌다. 프라하에서 남동쪽으로 6시간 정도를 더 가야 했다. 점점 더 동쪽으로 가면서 바람이 많이 불었고 눈보라가 날렸다. 마른 나뭇가지마다 새하얀 눈꽃이

피어있었고 눈에 파묻힌 집 굴뚝에서 몽글몽글 연기가 피어올랐다. 설경에 취해있는 동안 기차는 점점 헝가리와 가까워졌고 밤 8시, 부다페스트에 도착했다.

중앙역은 낡고 어수선했다. 차가운 공기에 옷깃을 여미었다. 한 번도 느껴보지 못한 묘한 스산함이 감돌았다. 예약한 숙소에 가기 위해 출구 쪽 인포메이션에 물어보니 안내원은 친절히 지도를 건네주며 숙소 위치를 알려주었다. 설명은 들었지만, 부다페스트의 규모도, 방향도 감이 잡히지 않아 택시를 타기로 했다. 어느 정도 바가지요금은 예상했다. 일단 택시 기사에게 숙소 위치를 가리키며 몇 유로에 갈 수 있냐고 물어보았다. 20~30유로 정도에 갈 수 있다고 했다. 20유로에 흥정을 했고 양심적이고 친절한 기사에게 팁 5유로까지 총 25유로를 줬다.

숙소는 부다페스트 성안에 있는 1박에 100유로인 별 5개짜리 호텔이었다. 동유럽 특히 부다페스트는 물가가 저렴했고 비수기인 1월이라서 저렴한 가격에 최고급 호텔을 예약할 수 있었다. 성은 중앙역의 정반대 편에 있어 택시는 빠르게 시내를 관통했고 강을 건너 언덕 꼭대기로 향했다. 숙소는 대중교통을 이용해서는 절대 올 수 없는 위치에 있었고 택시를 타길 잘했다고 생각했다. 그리고 창밖 도시의 풍경을 내려다본 순간 차분히 뛰던 심장의 소리가 완전히 잦아들었다.

생텍쥐페리는 눈에 보이는 것은 중요하지 않다고 했지만, 눈에 보이는 것은 얼마나 아름다운가. 끝없는 어둠 속에서 오직 작은 도시만이 오렌지빛에 스며 반짝이고 있었다. 차가운 겨울 동쪽의 도시에는 달의 조각이 내려앉아

있었다.

다음 날, 궁전 같은 호텔의 안락함에 늦장을 부렸다. 느지막이 일어나 두꺼운 외투로 무장하고 밖으로 나갔다. 언덕 위 성곽 안에는 대통령궁과 각종 박물관, 미술관이 있었다. 국립 미술관에 들러 잠깐 둘러보았는데 대부분 독립과 전쟁에 관련된 역사 그림들이었다. 성 정상에는 시가지를 내려다볼 수 있는 전망대가 있었다. 도나우강이 흐르고 강 위로 여러 개의 다리가 시가지와 연결돼 있었다. 도나우강 교각 중 가장 아름답고 오래된 세체니 다리가 웅장하게 뻗어 있었다. 강을 따라서 4차선 도로에 많은 자동차와 트램이 바쁘게

움직였다. 그 뒤로 강변에 커다란 국회의사당이 유독 눈에 띄었다.

언덕을 내려가 시내로 이동하기 위해서 트램을 탔다. 시내에 도착하여 Orange라는 유럽에서 자주 볼 수 있는 유명한 환전 체인점을 발견했다. 환율을 확인하고 100유로를 유리 칸막이 아래로 직원에게 돈을 건넸다. 잠시 후 직원은 80유로 환율의 포린트로 돌려줬다.

뭔가 의아해 직원에게 따졌다. 직원은 무덤덤한 표정으로 환율 판을 가리키며 200유로 이상 환전 환율과 200유로 이하 환율이 다르다고 대답했다. 누가 봐도 환율 판을 보기 어렵게 교묘하게 꼬아놓았다. 나는 환급을 요구했다. 직원이 답했다.

"이미 환전했고, 끝났어."

어찌나 답답하고 화가 났던지 헛웃음이 나왔다. 어제의 아름다운 불빛은 나방을 현혹하는 수단이었던가. 아름다운 것에 너무 빠져드는 것은 위험했다.

여행하면서 환전 사기는 흔한 일이었다. 마음을 다잡고 천천히 시내로 나갔다.

재래시장 간판을 찾았고 재래시장은 익숙한 모습이 아닌 거대한 3층 건물 안에 상점들이 입주해 있었다. 실내 체육관 같은 분위기에 빼곡히 들어선 상점에서는 장을 보러 온 현지인부터 구경 온 관광객들로 북적였다. 시장에는 다양한 물건들을 팔고 있었는데 그중 기념품 가게가 흥미로웠다. 화려한 색을 입힌 러시아풍 달걀 목각 인형들이 벽 한 면에 빼곡히 진열돼 있었고 인형과 함께 다양한 색실로 자수를 놓은 전통의상도 많이 팔고 있었다.

3층으로 올라가자 헝가리 전통음식을 파는 상가들이 줄지어 있었다. 배도 고팠고 가게 앞 테이블에 앉았다. 개방형 주방에서 얇은 입술로 환하게 웃는 아주머니가 정겨웠다. 헝가리 전통음식 굴라시와 양배추롤을 주문했고 금방 음식이 나왔다. 유럽에는 고추를 이용한 빨간 탕 종류의 음식이 거의 없는데, 그것이 굴라시였고 반가웠다. 굴라시 한 스푼을 떠 입에 넣었다. 얼큰하고 진한 맛이 혀를 감았다. 마치 진한 육개장 국물을 먹는 것 같았다. 만두처럼 생긴 양배추롤도 맛보았다. 양배추의 아삭한 식감이 식욕을 더욱 자극했다. 더없이 만족스러운 식사였다.

음식은 한국의 것을 떠올리게 했지만, 동공에 비친 모든 것은 낯설고 생소한 것들이었다. 그렇지만 뭔가 안정적인 분위기에 문득 가슴이 두근거렸다. 그리고 혼잣말로 속삭였다.

"나는 지금 여행을 하고 있어."

시장에서 나가자 저녁이 되었고 기온은 영하로 내려가 있었다. 밤의 부다

페스트를 느끼기 위해서 다시 트램을 탔다. 트램은 부다페스트 시내 한 바퀴를 순환해서 두루두루 살피기에 좋았다. 트램 안은 따뜻했고 특별한 목적지 없이 멍하니 창밖 풍경을 바라보았다. 날은 어두워졌고 도시 전체가 고운 빛으로 옷을 갈아입고 있었다. 영화 속 황홀했던 부다페스트의 모습이 그대로 내 눈앞에서 그려졌다. 갑자기 영화 속 세체니 다리에 가고 싶어졌다.

강 근처의 역에 다다라 트램에서 내렸다. 세체니 다리에 도착하니 완벽한 자태로 엎드린 사자상이 날 맞아주었다. 맞아준다기보다는 감시당하는 느낌이었다. 나선형 트러스의 노란 조명이 선명해 영화의 침울한 분위기는커녕 들뜨기만 했다. 음악에 도움을 청하기로 했다. 이어폰에서는 영화의 애절한 첼로 선율의 OST가 흘러나왔고 선명한 트러스의 빛을 흔들어 놓았다. 천천히 다리 중앙으로 걸어갔다. 사랑에 실패하고 다리에서 뛰어내린 한스의 모습과 내 모습이 교차를 이뤘다.

교각 너머로 강물을 보았다. 은은하게 빛나는 도나우 강물이 달콤해 보였다.

사랑에 실패한 나도 다리에서 뛰어내리려 하냐고?

다리를 아주 많이 걸었다고만 하자.

숙소에 도착하자 하늘에서 조용히 눈이 내리기 시작했다. 눈이 내리는 부다페스트가 궁금해졌다. 약간 무리를 해보기로 했다. 눈이 내리니 기분이 따뜻했기 때문이다. 나는 그림 도구와 따뜻한 커피가 든 텀블러를 챙겼다.

숙소 앞 왕궁 전망대에 올랐다. 눈이 내리는 도시는 고요했다. 그림을 그렸고 시간이 지날수록 한기가 올라왔다. 그래도 그림에 열정을 보이는 모습에 스스로 대견했다. 눈은 어둠을 짙게 만드는 것 같기도 했고 빛을 더 밝게 하는 것 같기도 했다. 보석처럼 내리는 눈꽃이 부다페스트 위로 뿌려졌고 동시에 눈꽃은 검은 그림자도 만들고 있었다. 사랑할 때 빛났던 것과 헤어진 후의 어두움처럼 말이다.

부다페스트 외곽에는 세체니 온천이라고 유명한 온천이 있었다. 큰 관심은 없었지만 유명한 곳이라 구경이나 해볼 겸 가보기로 했다. 온천으로 가려면 지하철을 타야 했는데 지하철 입구로 들어서면서 난관에 봉착했다. 끝이 안 보이는 긴 에스컬레이터와 마주했는데 에스컬레이터 속도가 굉장히 빠른 데다 경사가 심해 발 한 번 잘못 딛게 되면 추락할 것 같았다. 심지어 비상계단도 없었다. 얼마나 대단한 지하철이기에 입구를 이렇게 만들어 놨

는지 궁금했다. 아슬한 비행을 하듯 긴장하고 내려온 지하철역에는 2칸짜리 전차가 귀엽게 서 있었다. 트램 같은 지하철을 10여 분간 타고 온천과 가까운 지하철역에 내렸다.

세체니 온천으로 가는 길에 현대 미술관이 있었고 거대한 기념 동상과 조각 작품들로 꾸며진 공원이 있었다. 공원 옆에 커다란 야외 스케이트장에서는 많은 현지인이 스케이트를 타고 있었다. 갑자기 스케이트를 타고 싶은 충동에 온천은 뒷전에 두고 스케이트를 타러 갔다. 스케이트 대여비도 저렴한 데다 한 번 대여하면 하루 종일 탈 수 있었다.

바람이 귓가를 스쳤다. 스케이트는 작은 힘에도 매끄럽고 탄탄하게 얼음 위를 나아갔다. 고개를 들어 하얀 하늘을 바라봤고 상쾌한 기분에 절로 웃음이 나왔다. 우리의 인생과 사랑도 스케이트를 타는 것과 같았으면 좋겠다는 생각이 들었다.

다음 날 베를린으로 돌아가기 위해 중앙역으로 향했다. 택시가 중앙역에 도착하자 계산하려고 지갑을 꺼내는데 기사가 무표정하게 말했다.

"8유로요."

부다페스트, 정말 매력 있는 도시였다.

베네치아

아침 일찍 기차를 타러 역으로 가야 했다. 뮌헨에서 베네치아로 가는 야간열차를 타기 위해서다. 올 1월은 유독 눈이 많이 왔다. 연착될까 걱정했지만, 무사히 정시에 기차가 들어왔다. 남쪽으로 갈수록 눈발이 심해졌고 어느덧 날은 저물어가고 있었다. 폭설 때문에 베네치아까지 잘 갈 수 있을지 걱정이 앞섰다. 뮌헨 중앙역에선 짧게는 10분에서 길게는 한 시간 넘게 연착된다는 안내방송이 나왔다. 다행히 기차는 연착되지 않고 플랫폼에 있었다. 내가 타야 할 기차는 뮌헨에서 출발해 오스트리아를 관통하여 베네치아를 거쳐 로마가 종착지인 유로시티다. 야간 기차라 침대칸이 있었다. 베네치아까지는 20시간 정도 걸렸다. 침대칸을 예약하지 않은 걸 잠깐 후회했지만, 침대칸에서는 소지품을 분실하는 일이 비일비재하여 애써 고개를 젓고 예약한 좌석에 앉았다.

칸마다 3인 좌석이 마주 본 형태로 6명이 앉을 수 있게 되어있어 사람이 타지 않는다면 좌석에 누워갈 수 있을 것 같았다. 하지만 두 명의 남자가 큰 가방을 끌고 들어와 내 앞에 앉았다. 기차는 정시에 출발했다.

칠흑 같은 어둠 속, 이따금 나오는 가로등 불빛이 밖에는 눈이 많이 내리고 있다는 것을 확인시켜줬다. 출발한 지 얼마 지나지 않아 남자 한 명이 내렸고 기차 안에는 흑인 남자와 나만 남게 되었다. 우리는 짧게 인사를 했다.

이 남자는 자신이 지금 오스트리아로 가고 있다고 몇 번이나 강조해서 말했다. 그리고 계속 밖을 들락거렸다.

잠시 후 역무원 두 명이 문을 열고 들어왔다. 흑인 남자는 자리를 비운 상태여서 혼자서 여권과 티켓 검사를 받았다. 역무원이 문을 닫고 돌아간 후 흑인 남자가 다시 들어왔다. 그리고 자신은 오스트리아로 가고 있다고 말했다. 어딘가 불안한 표정으로 다리를 떨었다. 우리 칸의 불을 끄고 각자의 좌석에 누웠다.

몇 분이 흘렀을까, 갑자기 누군가 문을 열고 들어와 불을 켰다. 역무원과 경찰이었다. 깜짝 놀라 몸을 일으켰는데 경찰은 강압적으로 흑인 남자를 끌어냈다. 놀란 가슴을 쓸어내리고 창밖을 보니 오스트리아 땅이었다.

알프스산맥에 가까워지자 기차는 아주 느리게 갔다. 새벽이라 그런지 탑승객은 찾아볼 수 없었다. 기차는 오스트리아를 지나 이탈리아 국경을 넘었다. 이탈리아 국경을 넘어서더니 기차는 더욱더 느린 속도로 가다 서기를 반복했다. 그러던 기차가 역도 아닌 산 밑에 정차했다. 그리고 기차 시동마저 꺼져 버렸다.

그 상태로 한 시간가량 지났다. 아무런 안내방송도 없었다. 너무 답답해 역무원을 찾아 물었다. 역무원은 제 속도로 가면 베네치아에 새벽에 도착하게 되어 탑승객이 역에서 노숙해야 하는 상황이 벌어지기 때문이라고 말했다. 그들의 배려였다. 그렇지만 탑승객 특히 관광객들은 한 시간 동안 무슨 생각을 하고 있었을까. 일방적 배려였다. 그것은 핑계로 느껴질 때가 있었고 싸움도 일어날 수 있었다. 뒤돌아보면 우리도 이런 방식의 배려를 많이도 했던 것 같다.

어느덧 다시 새우잠이 들었는데 꽝 하는 소리에 놀라서 깼다. 한 남자가 노크 없이 문을 세게 열고 들어와 불을 켰다. 그의 팔과 손에는 화려한 문신이 새겨져 있었고 어깨까지 내려오는 긴 레게 머리와 얼굴에는 피어싱한 쇠붙이로 가득했다. 그가 외쳤다.

"Pass Please."

이탈리아 승무원이었다. 승무원은 고정관념을 화끈하게 깨주고 있었다.

산지로 둘러싸인 북부 이탈리아는 고요하고 평화로웠다. 가다 서기를 반복했지만 7시 정시에 목적지 베네치아에 도착했다.

밖으로 나가자. 도로에 가득한 차를 모두 지워보자. 차가 사라지니 도시는 숲속처럼 고요했다. 그리고 자리에 앉아 검은 아스팔트 위에 손을 얹자. 손에 살랑이는 물결이 느껴졌다. 어느새 도로는 아스팔트가 가라앉고 에메랄드빛 물결로 채워졌다. 환상이 아니다. 이것이 베네치아다. 그렇다고 환상 그대로도 아니었다.

중앙역에서 나오자마자 소란스러움에 잠이 깼다. 에메랄드빛 물 위에는 수많은 배들이 우렁찬 엔진 소리와 함께 힘차게 물살을 가르고 있었다. 섬 밖으로 나가는 사람들과 섬 안으로 들어오는 사람들, 짐을 끌고 바삐 오가는 인부들, 수시로 사람들을 실어 나르는 수상 버스들, 예상치 못한 부산함에 당황스러웠다.

운하의 모든 다리는 아치형으로 2~3미터가량의 높이로 지어져 있었다. 계단이 있는 다리 때문에 바퀴가 달린 것들은 다닐 수 없었다. 수많은 짐꾼이 오직 육체의 힘으로만 물건을 나르고 있었다. 또한, 어마어마한 양의 쓰레기도 이들의 몫이다. 겨울의 아침인데도 불구하고 그들의 얼굴에는 땀이 마르지 않았다. 쓰레기를 짊어지고 가까운 운하로 옮겨놓았고 배가 쓰레기를 수거해 갔다. 베네치아에서 처음 보았던 것은 우아한 백조의 물갈퀴였다.

이른 아침이었고 숙소에 들어가려면 한참의 시간이 남았다. 일단 길을 걸어보기로 했다.

베네치아의 큰 섬 두 개를 연결해 주는 가장 대표적인 다리가 리알토 다리이다. 다리 위에서 운하를 내려다보니 베네치아 사람들의 사는 모습을 생생하게 볼 수 있었다. 수시로 지나다니는 곤돌라와 모터보트, 여러 가지 물건을 하역하는 사람들, 운하를 끼고 늘어서 있는 기념품 가게와 식당들 말이다. 리알토 다리를 건너 메인 거리를 계속 걸어갔다. 메인 거리의 인도는 폭이 3~5미터밖에 안 돼, 골목길 같았다. 메인 거리가 다른 골목보다 확연히 크지 않아 어디가 메인 거리인지 골목길인지 잘 구분되지 않았다. 중요한 건 어느 거리든 발 옆에 대량의 물이 흐르고 있다는 것이었다. 물은 하늘과 멋진 건물들을 비춰 굳이 고개를 치켜들 필요가 없었다.

어떤 골목은 인도조차 없어 배만이 지날 수 있었다. 누군가는 반복되는 TV 프로에 질려 창밖으로 낚싯대를 내밀지 않았을까. 고기가 잡히지 않아 지루하면 와인 한 병을 챙겨 현관 앞의 배를 타고 친구 집으로 가지는 않을

까. 보면 볼수록, 생각하면 생각할수록 베네치아는 낭만적이었다.

그런데 왜 이런 환상적인 수상 도시가 세상에 오직 베네치아뿐일까. 몇백 년 전에 베네치아가 지어졌다면 지금의 기술과 장비로는 더 완벽한 수상도시를 만들 수 있었을 텐데 어디에서도 수상도시를 만든다는 소리를 들은 적이 없었다. 반대로 수상도시 하나면 몇 개의 일반적인 도시를 만들 수 있었다. 낭만의 상실. 누구든 낭만을 꿈꾸지만, 낭만을 실현하는 사람은 극히 드물었다.

길을 잃었다. 베네치아의 풍경에 빠져 하염없이 길을 걷다 보니 진짜 길

을 잃었다. 그런데 당황스럽지 않았다. 애초에 우리가 알던 길다운 길이 아니었기에 길을 잃었어도 마음이 편했다. 아니, 좋았다는 표현이 맞을 것이다. 파리가 길을 제시하는 도시였다면 베네치아는 길을 지우는 도시 같았다. 사랑 밖으로 이어진 모든 길을 지우고 있었다.

베네치아의 일상을 엿보며 몇 번 길을 잃고 나니 몇 시간이 훌쩍 지나 버렸다. 역 앞 광장의 투어리스트 센터에서 지도를 샀다. 숙소를 찾기 위해 어쩔 수 없었다. 이제 따뜻한 숙소 체크인이 가능한 시간이었다.

베네치아 본 섬 안에 있는 한인 민박을 예약했다. 예약한 민박집에 들어가니 아주머니 한 분이 친절하게 반겨 주셨다. 겨울 비수기라서 민박집은 조용했다. 짐을 풀고 잠시 침대에서 쉬었다.

한인 민박 최고의 장점은 한식을 맛볼 수 있다는 점이다. 메뉴가 정말 기대됐다. 잠시 후 아주머니가 준비하신 저녁 메뉴는 닭볶음탕이었다. 오랜만에 보는 따뜻한 쌀밥과 김치 그리고 닭볶음탕까지. 너무나 소중하고 감사한 밥상이었다.

식사 후 아주머니와 다른 투숙객 몇 명과 수다를 떨었다. 아주머니는 베네치아가 너무 좋아 베네치아에 정착했다고 했다. 또한, 한국에는 우리 나이 또래 아들이 두 명 있고 베네치아에는 이탈리아인 남편이 있다고 했다. 낭만의 뒷면이 그녀의 눈동자에 슬프게 맺혔다.

다음 날, 이틀 뒤에 열리는 가면 축제 때문인지 벌써 거리에 가면을 쓴 사람들이 많았다. 얼굴을 반쯤 가린 가면을 쓴 사람부터 중세 시대의 근사한 옷과 신발까지 갖춰 입고 얼굴 전체를 가리는 가면을 쓴 사람까지 다양했다. 골목의 코너를 돌다 가면을 쓴 사람들과 마주치면 근사한 모습에 중세로 시간 여행을 온 듯한 착각을 일으켰다. 반짝반짝한 가면들의 향연에 취해 길을 걷다 보니 다시 리알토 다리와 만났다.

리알토 다리를 건너 다시 길을 걷다 보니 베네치아에서 가장 넓은 장소인 산마르코 광장과 성당이 나왔다. 수많은 기둥이 세워져 있는 건물들이 ㄷ자 형태로 광장을 감싸고 있었다. 광장 동쪽에는 화려하게 치장한 산마르코 대성당이 우아한 자태를 뽐내고 있었다. 몇 세기에 걸친 색색의 돌과 유리로 만들어진 모자이크 벽화는 섬세하고 눈이 부시도록 아름다웠다. 성당 주위와 광장에는 수많은 관광객과 거리 예술가, 기념품을 파는 봇짐장수들로 북

적북적했다. 거기에 비둘기와 갈매기 떼들은 산마르코 광장의 소란스러움에 정점을 찍었다.

나는 광장 한편에서 그림 그릴 준비를 했다. 의자에 앉아 광장 주변 기념품 가게에서 산 엽서 한 장을 꺼냈다. 엽서의 사진엔 광장으로 범람한 바닷물에 산마르코 성당이 비쳤고 사람들이 허벅지까지 물이 차오른 광장을 걷고 있었다. 1년에 한 번쯤 바닷물 수위가 높아져 광장이 잠긴다고 했다. 그림에도 광장에 물이 찬 느낌을 주고 싶었다.

그런데 그림이 생각처럼 그려지는 것 같기도 하고, 그렇지 않은 것 같기도 했다. 그림을 지켜보던 현지 거리 화가가 오지랖을 부렸다.

"그림이 너무 떠 있는 것 같지 않아? 구름 위라고 해도 믿겠어."

살짝 자존심이 상해서 그에게 말했다.

“베네치아는 낭만의 도시지? 베네치아의 상징적인 건물이 산마르코 성당이야. 가난한 예술가에게 낭만은 너무 먼 것이라고.”

일부러 멀게 느껴지도록 그린 것이라 거짓말을 했다. 그러자 그는 다시 그림을 지켜보더니 뭔가 아쉬운 표정으로 말했다.

“이봐, 예술가 선생. 예술처럼 낭만적인 게 또 어디 있겠어.”

그리고 그는 떠나 버렸다. 나는 그림 그리는 것이 낭만적이라 생각한 적이 없었다. 그림을 그리는 이유는 더 좋은 그림을 그리기 위해서였다. 꽃처럼 아름다운 인생을 위해서, 그 자리에 앉아 한참을 생각했다. 예술은 낭만적인가? 아니면 낭만적이어야 하는가. 머리가 아팠고 이해할 수도 없었다.

내일 베네치아를 떠나기 전 야경을 보고 싶었기 때문에 어두워지자 다시 밖으로 나갔다. 베네치아의 밤은 의외로 조용했다. 해가 지자 가게들은 하

나둘 문을 닫더니 8시가 넘지 않은 시간임에도 모든 가게는 철문을 내렸다. 운하에 밀집되어 있는 레스토랑과 술집들이 문을 열어놨지만 이미 사람들은 썰물처럼 빠져나가 버렸다. 축제 분위기를 기대하고 나왔지만 쓸쓸했다. 그리고 외롭다는 생각이 들었다.

길을 걷다 리알토 다리를 만났고 리알토 다리 위에서 운하를 내려다봤다. 화려한 조명은 아니지만 은은한 노란빛 조명이 바닷물에 잔잔하게 빛나고 있었다. 한참을 바라보다 보니 한밤중에 노을이 지고 있다는 착각이 들었다. 그때 곤돌라 한 대가 조용한 수면 위를 미끄러지듯이 갈랐다. 이 순간, 이 풍경만큼은 시간이 멈춘 것 같았다. 곤돌라는 노란색 아크릴판 넘어 일식을 보았던 것처럼 천천히 운하를 지나고 있었다. 낭만은 길을 잃게 만든다.

피렌체

오래전 〈냉정과 열정 사이〉라는 영화를 봤다. 피렌체에서 그림을 그리는 쥰세이처럼 되고 싶었다. 그는 말했다.

"믿고 있다면 다시 만날 것만 같았다."

베네치아에서 피렌체로 이동하는 날이었다. 민박집 아주머니가 정성스럽게 차려주신 아침밥을 먹고, 차 한 잔과 함께 작별 인사를 나눴다. 기차역에 여유롭게 도착해서 피렌체로 가는 기차를 기다렸다. 베네치아에서 볼로냐까지 한 시간 정도 간 다음, 볼로냐에서 피렌체로 가는 기차로 갈아타야 했다. 베네치아에서 피렌체까지 바로 가는 고속 열차가 많았지만, 주머니 사정이 좋지 않아 천천히 가는 방법을 선택했다.

완행열차는 텅 비어있었고 이내 출발해 천천히 남쪽으로 달렸다. 이번 겨울은 유난히 눈이 많이 왔는데 남유럽인 이탈리아도 예외는 아니었다.

볼로냐역에 도착했을 때 주변은 20센티 이상 눈이 쌓여있었고 기차 전광판에는 온통 연착 혹은 취소된 기차 정보들로 가득했다. 창구에서는 역무원들과 승객들의 실랑이로 아수라장이었다. 타야 할 기차가 도착 10분을 남겨놓고 30분 지연 정보와 함께 승차 플랫폼이 표시되었다. 플랫폼에 서서 좋아하는 노래를 들으며 혼자 서 있었다. 그렇게 넋 놓고 몇 분이나 있었을까, 어느 순간 내 주위에 서 있던 수많은 사람이 사라지고 덩그러니 홀로 남아 있었다. 엄청난 불길함이 몰려왔다.

음악에 취해 안내방송을 놓친 것이 분명했다. 눈을 쓸고 있는 역무원에게 뛰어가 내 티켓을 보여주며 어떻게 된 상황이냐고 묻자 그는 아무 말 없이 손가락으로 건너 플랫폼에 서 있는 기차를 가리키며 "This Train"이라고 말했다. "그라찌에"라고 소리치며 미친 듯이 뛰었다. 플랫폼에 도착했을 때 기차의 문은 이미 닫혀 있었다. 출발을 알리는 소음이 낮게 깔렸다. 망했다는 소리가 절로 나올 때 거짓말같이 문이 열렸다. 기차는 눈보라를 일으키며 천천히 남쪽으로 향했다.

500여 년 전 피렌체의 부자 가문은 당대 최고의 인문학자와 과학자 그리고 예술가들을 피렌체로 모았다. 그들을 따라 열정적인 젊은이들이 모여들었고 그들에게 후원과 믿음을 아끼지 않았다. 누군가에게 믿음과 후원을 받는다는 것은, 창작활동에 상당한 시너지가 될 수밖에 없었다. 얼마 후 그들은 그 유명한 르네상스를 일으켰다. 각지의 예술인들이 모여 토론하고 싸우고 합심하여 만들어가는 세계. 르네상스에 대한 동경, 나에게 피렌체는 그런 이상적인 도시였다.

2시간가량 달린 끝에 노란 빛깔의 낮익은 건물들이 하나둘 보이기 시작했다. 피렌체에 거의 도착했다는 것을 알았다. 고속 열차가 아닌 기차는 중앙역 바로 전 역에 내려주었고 다시 한번 기차를 갈아타고서야 우리에게 특별한 피렌체에 도착했다.

중앙역은 많은 인파로 붐볐다. 역내의 인파 사이로 날아든 비둘기들이 모이를 쪼고 있는 모습이 마치 현대미술의 한 장르 같았다. 별일 아니라는 듯 사람들은 제 갈 길을 갔다. 중앙역에서 나와 예약한 한인 민박을 찾아갔고 주인아주머니와 매니저 형이 반갑게 맞아줬다. 피렌체 지도를 받고 간단한 관광 설명을 듣고 도심으로 나갔다.

도심은 수많은 자동차와 오토바이들로 시끄러웠다. 피렌체는 마음만 먹으면 반나절이면 다 돌아볼 수 있을 만큼 크지 않은 도시였다. 일단 피렌체의 분위기를 살피고 싶어 피렌체의 상징 두오모(산타마리아 델 피오레)로 향

했다. 세계에서 열 손가락 안에 드는 거대한 크기의 두오모는 어디서든 볼 수 있었다. 두오모의 돔을 바라보며 길을 가다 보니 조금씩 가까워지는 두오모의 웅장함에 고개를 치켜들거나 경건함에 고개를 숙였다.

먼 옛날 르네상스의 일꾼들은 두오모를 짓기 시작했을 것이다. 또한, 그

들 누구도 두오모가 자기 생전에 완공되지 못하리라 생각하지는 못했을 것이다. 완공된 두오모를 볼 수 없다는 것을 알게 됐을 때도 그들은 여전히 벽돌을 올렸을 것이다. 언젠가는 완성될 거라는 믿음을 가지고 말이다. 내가 아니면 자손들이 해야 하니까, 자손들이 덜 고생하라고 한 장의 벽돌을 더 올리려 했을 것이다. 믿음은 희망적이었지만 결실과는 별개의 것이었고 노동의 의미는 결실보다는 희망에 있었다. 그리고 훗날 이처럼 완벽한 두오모가 만들어졌다. 그들에 대한 경외였을까. 두오모 성당 앞에는 커다란 광장이 없었고 누구도 한눈에 두오모 성당 전체를 볼 수 없었다.

시간이 늦어서 성당에 입장할 수 없어 성당을 한 바퀴 돈 후에도 감동이 가시지 않은 채 발길을 돌렸다.

겨울의 짧은 해는 금세 자취를 감추고 어슴푸레 저녁이 찾아왔다. 집 창문에서 노란 백열등 불빛이 흘러나오고 가로등 불이 빛나고 있었다. 어둠이 짙어지자 노란 불빛들이 아르노강에 반사되어 환상적인 분위기를 연출했다. 아름다운 야경에 소름이 돋았다. 피렌체, 이 보물 같은 곳에 이제서야 왔다니. 백열등 빛으로 붉게 물든 아르노강을 하염없이 바라보다 천천히 숙소로 발걸음을 옮겼다.

어젯밤 늦게 잠들었지만, 일찍 일어나 주인아주머니가 차려준 연어 회덮밥을 맛있게 먹고 다시 두오모로 향했다.

두오모에는 돌으로 지어진 성당과 성당 앞 첨탑이 있었다. 성당 내부에 들어서자 양초 향이 스민 거대한 공간은 엄숙했고 숭고했다. 발걸음을 옮길 때마다 구두 굽 소리가 거대한 공간에 울려 퍼졌고 가끔 오르간 연주 소리가 묵직하게 내려와 가슴을 벅차게 만들었다. 천장에는 세밀하고 화려한 벽화가 그려져 있었는데 그림을 그리는 사람으로서도 믿기지 않았다.

성당 내부를 둘러본 후 돔을 오르기로 했다. 고소공포증이 심한 나에게는 힘든 도전이었다. 입장료를 내고 한 계단, 한 계단 올랐다. 성당 꼭대기로 오르는 계단은 돔의 원형을 따라 꽈배기 모양으로 끊임없이 이어져 있었다. 돔의 상부로 오를수록 기울기가 심해져 몸을 왼쪽으로 비틀어 오르게 되었고 공간도 협소해 마치 어릴 적 보았던 좁고 끊임없이 이어진 생강 굴이 생각났다. 사방이 돌벽이었지만 엄청나게 높은 장소에 있다는 사실과 좁은 굴속에 갇혀있는 느낌이 고통스럽게 했다. 일 초라도 트인 공간으로 가야 한다는 생존본능으로 뱅글뱅글 기울어진 계단을 따라 가쁜 숨을 참아가며 쉼없이 올랐다. 드디어 계단의 끝이 보였다. 돔의 꼭대기에 오르자마자 차고 강한 바람이 폐를 관통했다.

"Loving… loving…"

"Loving, 피렌체."

두오모는 영원한 사랑을 맹세하는 곳, 연인들의 성지였다. 사랑하는 사람과 왔다면 누가 먼저라 할 것 없이 영원한 사랑을 맹세할 것만 같았다. 그리고 믿게 되었다. 언젠가 우리도 어떤 경로로든, 한 번은 다시 만날 것이란 걸 말이다. 그것이 순간이라도.

두오모에서 나와 베키오 다리로 향했다. 두오모에서 5분 정도 걸어 내려가니 아르노강 위에 놓인 베키오 다리를 만났다. 베키오 다리를 천천히 걸으며 흐르는 강물도 내려다보며 다리 위의 가게 벽, 난간, 바닥에 수백 년간 박혀있었을 돌을 쓰다듬었다. 베키오 다리의 전체 모습을 보기 위해서 아르노강 하류 쪽, 베키오 다리 바로 아래에 있는 또 하나의 다리로 갔다. 다리 위에서 건너편 베키오 다리를 바라보았다. 건물들이 아르노강을 감싼 모습은 거대한 광장 같기도 했고 호수가 있는 궁전처럼 보이기도 했다. 흐르는 강물이라는 느낌보다는 잔잔한 호수 같은 아늑함이 느껴졌다.

피렌체의 건물들 대부분은 짙은 노란색과 황톳빛이었다. 노란빛은 아늑하고 따뜻한 느낌을 주었다.

세상에는 멋진 다리가 정말 많았다. 이 다리를 찾는 관광객 역시 많았다. 우리는 혼자였고 그중 어떤 다리는 우리의 사랑을 이어 줄 거라 믿었다.

점점 해는 기울어 도시 전체가 빨갛게 물들더니 이내 어둠이 찾아왔다. 집집마다 숨겨져 있던 주황빛 별들이 하나하나 켜지더니 아르노강에 넘실댔다. 그 넘실댐에 그녀와의 추억들이 스쳐 갔다.

우리는 무엇이 그렇게 좋아 서로 사귀게 됐고 무엇이 그렇게 싫어 굳이 헤어지기까지 했을까. 서로 사귄 이유가 명확하지 않듯이, 헤어진 내면의 이유도 알 수 없었다.

결국은 사랑이 식었다는 이유…. 그때는 다시 사랑이 뜨거워질 것이란 걸 알지 못했다. 우스웠다. 같이 있을 땐 없었던 믿음인데 헤어지고 나서 믿음을 가져야 하는지 말이다.

날이 밝았고 오늘은 영화 〈냉정과 열정 사이〉에 나왔던 장소, 쥰세이의 집을 찾아가 볼 계획이었다. 영화 속 쥰세이가 살던 집은 이탈리아 특유의 건축 양식이 녹아든 집이었다. 그런데 인터넷에 검색해 봐도 위치가 나오지 않았다. 꼭 가보고 싶은 마음에 영화 속 장면을 되새기며 장소를 추리해 보았다. 영화 속 쥰세이는 집에 갈 때 자전거를 끌며 언덕을 힘겹게 올랐다. 결론은 피렌체의 언덕을 다 뒤져보기로 마음먹었다.

미켈란젤로 언덕을 시작으로 샅샅이 뒤졌다. 무모하다는 생각도 들었지만 설렘과 짜릿함이 컸다. 몇 개의 언덕을 뒤졌을까, 한겨울이었지만 언덕을 오르락내리락하니 얼굴에 땀방울이 흘렀다. 노동의 강도가 더해질수록

목표에 대한 집념도 강해졌다.

별 성과 없이 어느덧 점심때가 지나 있었다. 점점 지쳐갔고 이 도시가 아니라 근교 어딘가일 수도 있겠다는 생각이 스멀스멀 들었다. 휑한 골목. 이곳도 아니구나, 하고 고개를 돌렸을 때 낯익은 건물이 눈에 들어왔다.

설마….

혹시…. 맞아.

필름 안으로 들어온 것처럼 영화 속 쥰세이의 집이 그대로 눈앞에 있었다. 초록색 지붕과 색이 바랜 노란색 벽, 집 앞 난간에 세워져 있는 자전거들 모든 게 그대로였다. 쥰세이의 집으로 발걸음을 뗐다. 내 어깨와 다리는 힘

없는 나무 인형이었다. 뇌에는 산소가 가득 찼고 골을 뚫고 나왔다. 몇 발짝 가지 못해 멈추어 섰다.

"이제 나와, 쥰세이."

"아니, 나의 연인아."

정말 그녀가 나올 것 같았다.

배가 고팠다. 고급스러운 레스토랑을 들어갔고 피자와 파스타를 시켰다. 15유로의 적당한 가격이었고 곧 나온 피자와 파스타는 푸짐했다. 본토의 음식이라 해서 한국에서 먹은 것과 다른 것을 기대했지만 별로 다르다는 느낌은 받지 못했다. 다만 피렌체에서, 그곳에 사는 사람들과 음식을 먹는다는 것이 좋았다.

식사 후 우피치 미술관으로 향했다. 우피치 미술관은 베키오 다리 옆에 있었고 르네상스의 주축이 되었던 천재들의 걸작을 다수 보유하고 있었다.

미술을 공부하는 데 빠지면 안 되는 중요한 미술관이었다.

티켓을 끊고 본격적으로 미술관을 둘러보았다. 다빈치, 미켈란젤로, 라파엘로, 보티첼리 등 르네상스 거장들의 작품이 포함되어 있었다. 천천히 둘러보기 시작했다. ㄷ자 형태의 미술관은 그리 크지도 작지도 않은 크기의 내부에 르네상스 거장들의 명화가 곳곳에 전시되어 있었다. 그들의 그림이 왜 위대한지 단번에 눈에 들어왔다. 학교에서 배웠던 모든 것들이 그림 안에 있었다. 완벽한 구도와 균형, 다양한 인물의 표정, 명과 암, 자연과 인체의 아름다움, 그리고 이것들의 완벽한 조화, 그 많은 것이 한 장의 캔버스에 있었다. 그것은 그림 실력으로만 이루어지는 것이 아니었다.

해부학, 역학, 인문학 등의 다양한 분야의 지식을 체계화할 수 있어야만

가능한 노련함이었다. 얼마나 오랜 시간 그림을 그리기 위해 고뇌하고 고독한 싸움을 하며 심혈을 기울였는지 감히 상상이 가지 않았다. 이들에 비하면 나는 걸음마를 시작한 아이였고 그림에 대한 열정이 있는지도 의심스러웠다. 조금 더 정진해 보자고 마음먹었다.

다시 날이 밝았고 피렌체에서 가장 높은 미켈란젤로 언덕을 오르기로 했다. 버스를 탈 수도 있었지만 가까운 거리여서 걷기로 했다. 베키오 다리를 건너 눈앞에 보이는 언덕이 미켈란젤로 언덕이다. 입구에 도착하자 관광객으로 붐볐고, 입구에서 약 15분간 오른 후에 언덕의 정상에 다다를 수 있었다. 많은 관광객이 다양한 포즈로 언덕에 오른 기쁨을 표현하며 사진을 찍

고 있었다. 각자 다른 곳에서 온 사람들은 다른 피부색에 다른 언어로 말하고 있었지만, 표정은 하나같이 행복해 보였다.

언제든 그렇듯 그림 그릴 준비를 했다. 이곳에서 바라보는 피렌체의 풍경이 좋았고 시간과 관계없이 도시 전경을 그리고 싶었다. 르네상스의 거장까지는 아니지만, 심혈을 기울이고 싶었다.

3일 후 그림은 어느 정도 완성되어 갔다. 그림을 그리던 중 콧수염을 멋지게 기른 배 나온 노인이 주변을 기웃거렸다. 그림 그리는 것을 보는 듯하다가 시내의 풍경을 카메라로 미친 듯이 찍어대기도 했다. 틱장애가 있는지 고개를 순간순간 흔들기도 했다. 몹시 부산했다. 그리고 그 남자가 나에게

다가와 걸걸한 목소리로 말했다.

"400유로."

남자는 콧수염을 엄지손가락으로 짓누르며 말했다.

"400유로에 그림을 나에게 팔게나."

뜻밖이었고 나쁜 제안은 아니었다. 그런데 아쉬운 감이 있었다.

"저는 3일간 이 그림을 그렸어요. 400유로면 피렌체에 오기 위한 교통비도 안 되겠어요."

그는 콧수염을 잡아 뜯기 시작했다.

"자네는 그림을 왜 그리나? 그림은 사진처럼 정확하지도 않고 실제에서 오는 감동에 닿지도 못해."

그저 장사꾼인 줄 알았는데 의외의 질문에 순간 머리가 멍했다. 잠시 생각했고 나름 괜찮은 대답이 될 것 같아 말했다.

"그림은 의미를 담을 수 있으니까요."

내가 주저한 반면 그는 양손으로 다양한 제스처를 취하며 속사포로 말했다.

"맞아. 작가는 작품에 의미를 담을 수 있지. 작가는 작품에 의미를 담은 것으로 그 역할이 끝나는 거야. 작품의 가치를 만드는 것은 나 같은 장사꾼의 몫이지. 나는 피렌체에서 레스토랑을 해. 꽤 이름난 레스토랑이지. 그림을 보기 좋은 곳에 전시하고 유력 인사들에게 그림을 소개해, 되도록 비싼 값에 팔려고 하지. 나에게 그림을 팔면 나는 진심으로 자네를 위해 기도할 거야. 꾸준히 좋은 그림을 그려달라고 간절히 기도할 거야. 자네가 잘돼야 그림을 더 비싸게 팔 수 있으니까. 나의 기도와 노력은 어떤 식으로든 자네에게 돌아갈 거야."

그저 그림을 싸게 사려는 말 같았다. 나는 아무런 대답도 하지 않았다. 노인이 다시 말했다. 이번엔 천천히 말했다.

"혹시 그림을 그려 부귀영화라도 얻으려는 거야? 그림엔 의미를 담을 수 있어. 그런데 그 의미가 욕망이라면 나 같은 장사꾼이라 할지라도 어떤 가치도 만들 수가 없어. 예술은 대가를 바라선 안 돼. 대가를 바라는 순간 모든 것이 엉망이 되어버려."

순간 베네치아에서 만났던 거리 화가가 한 말이 떠올랐다. '예술처럼 낭만적인 게 또 어디 있겠어.' 그리고 르네상스 거장들의 그림이 떠올랐다. 완전한 몰입, 그 외의 현실적인 것은 중요한 의미가 되지 못한다고 말하고 있었다.

"그건 사랑도 마찬가지야."

"믿음도."

믿음에도 불순물이 섞여서는 안 된다.

"그렇지, 그림을 나에게 팔게."

팔려고 했다. 노인의 음흉한 눈빛을 보기 전까지는 말이다.

그림을 팔았다면 로마에 갈 수 있었을 것이다. 경비는 바닥났다. 다음 이탈리아 여행 때 로마에 가기를 기약하고 짐을 쌌다. 다시 1박 2일 동안 왔던 길을 거슬러 베이스캠프로 가야 했다.

아테네

축하해 달라. 대학에 입학했다. 입학 전형 때 담당 교수는 대학원을 추천해 주었고 나는 흔쾌히 수락했다. 그리고 여행을 떠나기로 했다.

그리스를 제외하고 유럽의 역사, 문화, 정치, 예술을 논할 수 없다. 민주주의의 시초이자 올림픽의 근원지, 그리스 신화, 서양미술사의 첫 부분을 장식하는 그리스 미술 등등. 미술을 공부하는 나로서는 반드시 가보고 싶었던 나라였다. 뜨거운 7월 아테네에 가기로 했다.

비행기 트라우마로 무조건 기차 여행을 고수해 왔지만, 독일-체코-오스트리아-슬로베니아-크로아티아-보스니아-몬테네그로-알바니아-그리스라는 말도 안 되는 일정에 이번만은 처음이자 마지막으로 비행기를 이용하기로 했다. 저가 항공의 작은 비행기가 요동치는 생각만 해도 머릿속이 하얘져 비싼 독일 항공을 예매했다.

비행기를 타기 며칠 전부터 공황 상태가 계속되며 잠도 잘 오지 않았다. 공항에 도착해 4시간 전부터 초조해하며 비행기에 탑승했다. 가속하던 비행기는 이내 지면과 점점 멀어지고 공포는 극에 달해 패닉 상태가 되었다. 비행기 내에서 얼마나 고통스러웠는지는 생략하자.

잠시 후 아테네 공항에 도착한다는 방송에 마음이 놓였고 잠시 창밖을 바라봤다. 하늘에서 내려다본 그리스에는 그동안 봐왔던 유럽의 초록색 숲과

빨간 지붕의 집들은 보이지 않았다. 키 작은 나무들이 군데군데 보일 뿐, 온통 황토색 대지와 바위뿐이었다. 전혀 다른 세계였다.

공항 밖으로 나가자 후덥지근한 공기가 폐로 밀려들어 왔다. 유럽의 여름 날씨는 온도가 높아도 습하지 않았는데 이곳은 척박한 땅인데도 불구하고 고온다습했다. 숙소로 가기 위해 시내로 가는 버스에 탑승해 밖을 내다봤다. 비행기에서 본 모습 그대로 키 작은 나무들이 황톳빛 벌판에 드문드문 서 있었고, 푸석한 흙과 모래, 바위, 돌이 널려 있었다. 2~3층 높이에 지붕을 올리지 않은 네모반듯한 주택들이 있었고 벽면은 대부분 흰색이나 회색 계통의 무채색이었다. 창문엔 나무로 된 차광막이나 셔터가 내려져 을씨년스러웠다. 신들이 사는 곳은 그다지 풍요로워 보이지 않았다.

아테네 시내가 가까워지면서 번잡한 도시 풍경으로 변해갔다. 목적지 정거장에 내리자 오토바이의 굉음과 자동차의 경적이 혼을 빼놓았다. 유럽에서 이렇게 많은 오토바이를 본 적이 없었다. 그리스 사람들은 비교적 키가 작았고, 구릿빛 피부에 머리 색깔과 눈동자가 진했다. EU 국가이지만 다른

나라들과 사뭇 다른 분위기였기에 약간의 경계심이 생기는 것은 어쩔 수 없었다.

예약해 둔 숙소에 체크인하고 거실 밖 테라스로 나갔다. 유적지가 그렇듯 고층 빌딩의 시대에 아테네 시내의 건물들은 3, 4층 높이로 낮았다. 맑은 날씨였다. 구름 한 점 없는 파란 하늘과 양탄자처럼 깔린 건물들 끝에는 아크로폴리스와 파르테논 신전이 주인처럼 선명하게 빛났다. 거부할 수 없는 경외감에 기도했다. 나와 가족, 그리고 나와 가족에 대해 기도했다.

곧 해가 저물었고 달궈졌던 도시는 점점 식어갔다. 아테네 시내 모습이 궁금해 밖으로 나갔다. 아테네 도심의 상징, 시내 중심에 신타그마 광장이 있었는데, 가까워질수록 분위기가 심상치 않았다. 도로는 바리케이드로 차단되었고, 길가에는 경찰들이 무전을 주고받으며 바쁘게 움직이고 있었다.

그리스의 경제 위기 때문에 열린 집회였다. 나도 집회자들 틈에 섞여 아테네의 심장부로 이동했다. 스피커를 통해 들리는 외침과 각종 구호 소리가 점점 커졌다. 광장과 마주하는 위치에 있는 그리스 국회의사당에는 수많은 사람이 모여 있었다.

그들은 번지수를 잘못 찾은 것이 아닐까. 그들은 신전보다는 국회의사당을 택했다. 신전에서 신들의 기분이 머쓱할 것 같았다.

혼란스러운 광장을 빠져나와 오모니아 광장으로 뻗어진 번화가를 걸어갔다. 쇼핑센터와 각종 음식점, 술집들이 환하게 불을 밝히고 있었다. 해가 지면 조용해지는 여느 유럽 도시와는 다르게 늦도록 사람들로 북적였다. 노숙자나 취객들이 많았고 특이한 점은 주인 없는 개가 많다는 것이었다. 개들은 도심 곳곳에서 목격할 수 있었고 신들의 눈을 대신하는 양 날카롭게 주변을 살폈다. 심상치 않은 아테네 밤거리에 겁이 나 숙소로 발길을 돌렸다.

아테네에서의 두 번째 날, 목적지는 유네스코 세계문화유산 1호 아크로폴리스였다. 높은 도시라는 뜻의 아크로폴리스는 아테네 시내에서 가장 높은 언덕에 세워져 있어 아테네 모든 곳에서 아크로폴리스가 보였다. 아크로폴리스로 가는 길, 다시 신타그마 광장을 지나야 했다. 신타그마 광장에는 늘어져 있는 개, 노숙자들, 갓난아이와 서너 살 되어 보이는 아이들과 함께 있는 집시들로 가득했다. 손을 벌리며 구걸하는 사람들 때문에 광장을 빠르게 통과해야만 했다.

신타그마 광장을 지나서야 비로소 기분 전환을 할 수 있었다. 번화가가 시작되었고 쇼핑센터, 레스토랑, 기념품 가게 등이 그리스 특유의 멋을 살린 거리를 만들고 있었다. 알 수 없는 물품들이 눈에 띄었고 용도를 알 수 없

지만 흥미로웠다. 아테네 시내만 구경하는 것도 아주 즐거운데 유적까지 있다는 것에 기대감이 부풀었다.

골목에는 노점식 재래시장이 섰는데 떠들썩한 모습에 이끌렸다. 다양한 생활용품을 팔고 있었다. 지중해의 풍족한 햇볕을 받고 자란 과일과 채소가 먹음직스러워 보였다. 곡물과 향신료 가게가 있었고 해산물 가게에는 신선하지만 이름 모를 물고기가 많았다.

더운 날씨에 목이 말라 과일 가게에 멈췄다. 시원한 수박을 먹고 싶었지만, 수박은 성인 몸통만 한 크기였고 그나마 물이 많아 보이는 복숭아를 샀다. 과일 가게 주인은 손님에게 별다른 관심을 보이지 않았고 과일을 고르면 돈을 받고 과일을 건네주는 것이 전부였다. 그는 끊임없이 과일을 정리하고 마른 헝겊으로 과일을 광이 나도록 닦았다. 단 한 순간도 손이 멈추지

않았다. 게을러 보이던 그리스인들만 보다가 그의 모습에 흥미가 갔다. 그에게 과일 가게를 그려도 되냐고 물었다.

"좋을 대로 해."

다시 말을 이었다.

"돌뿐인 나라에 왜 왔어? 돌을 보러 온 거야?"

뭔가에 몰입한 사람의 표현은 거칠었다. 멋쩍어 돌아섰고 좌판 끝에 자리를 폈다. 그는 쉴 새 없이 손을 움직였고 나 역시 그랬다. 시장은 생각보다 더 붐볐다.

그림을 다 그리고 그에게 그림을 건넸다. 그는 그림을 받아 들고 내가 이러냐고 묻고는 휴대폰으로 그림의 사진을 찍었다. 그리고 그림을 건네며 말했다.

"신을 믿지 않는 사람에겐 아테네는 그저 돌뿐이야. 신의 은총이 있길 바라."

블록이 깔린 골목길을 지나자 메마른 흙길이 나왔다. 걸을 때마다 흙먼지가 날리고 운동화 속으로 모래가 들어왔다. 우리가 돌뿐인 나라에 왔던가. 그런데 돌치고는 너무 아름다웠다. 알고 보면 다이아몬드도 돌이지 않은가.

아크로폴리스는 산꼭대기에 돌로 만들어진 신화 속 도시였다. 거대한 대리석 바위를 깎아 차곡차곡 쌓아 올려 만들어진 건축물이 2500년 전 인간의 손으로 만들어졌고 그 형태를 유지하고 있다는 것이 믿기지 않았다. 파란색 하늘을 배경으로 아크로폴리스의 신전들은 웅장한 자태를 뽐냈고, 하얀색 대리석은 강렬한 햇빛에 반사되어 더 새하얗게 빛이 났다. 파르테논 신전으로 가는 대리석 계단은 수 세기 동안 수많은 사람의 발길로 계단은 만질만질하고, 닳아서 움푹 패어 있었다. 돌기둥 곳곳은 사람들의 반복된 손길로 특정한 부분만 닳아있었다. 이러면 안 되지만 나도 이 돌기둥의 감촉을 느끼고 싶어 반복하여 쓰다듬었다.

계단을 오르자 파르테논 신전이 늠름한 자태로 서 있었다. 대부분 파괴되고 기둥들만 서 있었지만, 신의 손가락처럼 변함없이 꿋꿋했다. 신전은 사진이나 눈으로 보면 직선과 평면으로 보이지만 실제로는 곡선과 곡면으로 이루어져 있었다. 이는 사람들의 착시까지 감안하여 직선적이고 균일하게 보이게 하기 위한 고도의 건축법이었다. 그림에 대입하고 싶었다.

신을 믿지는 않지만 신이 있는 것은 분명해 보였다. 아니면 내가 할 수 없는 일은 다른 사람도 할 수 없을 테니, 신이라는 이름으로 치부하는 것인지도 몰랐다. 신전을 천천히 한 바퀴 돌았다. 신전 곳곳에는 복원을 위해 중장비들이 있었고, 인부들은 뙤약볕 아래 구슬땀을 흘리고 있었다. 예전에도

그랬고 지금도 여전히 그리스인들은 신을 섬기며 신전을 만들고 있었다.

파르테논 신전 옆에는 규모가 작은 에레크테이온 신전이 있었다. 파르테논 신전이 거대한 크기에서 느껴지는 장엄함이 있다면, 에레크테이온 신전에서는 그리스 사람들의 섬세한 감성이 느껴졌다. 신전 남쪽 면에 기둥을 여신 모양으로 조각해 놓은 여신 상주가 있었는데 6개의 처녀단이 기둥이 되어 무거운 돌 지붕을 떠받치고 있었다. 6개의 처녀단은 고풍스러운 자태로 멀리 아테네 시내를 응시하고 있었다. 긴 세월 동안 표정은 알아볼 수 없을 정도로 희미해져 있었지만, 처녀상의 몸짓, 손짓의 부드러운 곡선들이 얼굴의 표정을 연상하게 했다.

처녀단을 관찰하던 중, 파란 양산을 쓴 한 여성이 신전 앞에서 기도하고

있었다. 파란 양산은 파란 하늘에 녹아들고 있었다. 하늘을 쓴 듯한 여성의 모습이 경건해 보였다. 누구를 위해서 기도하기에 저렇게 정숙하고 순결해 보일까. 나도 누군가를 위해 기도하고 싶었다. 옛 연인을 위해 기도했다. 내가 없는 지금도 항상 행복하고 내가 없더라도…. 그리고 나를 위해 기도했다. 한순간이라도 그녀를 만나게 해달라고.

아크로폴리스에서 내려오다 제우스 신전과 만났다. 돌기둥 몇 개만이 서 있었지만, 돌기둥의 크기나 신전의 부지로 봐서 파르테논 신전보다 규모가 훨씬 커 보였다. 원형의 모습을 상상해 봤지만 상상할수록 아쉽고 안타까운 마음이 컸다. 아테네 곳곳에서는 유물 발굴 작업을 했다. 수많은 석상이 아무런 보호장치 없이 발굴 현장에 방치되다시피 있었다. 정말 신을 믿지 않는 사람에게 그리스의 석상들은 그저 돌뿐이었다. 누군가는 석상을 파괴했을 것이고 또 누군가는 다시 석상을 만들었을 것이다.

너무 많은 석상을 보았을까. 둔감해져 석상이 돌덩어리처럼 느껴지는 것은 어쩔 수 없었다.

연인과 많은 시간을 함께했을 때 둔감해졌던 것처럼 말이다. 조금 더 깊이 관심을 가졌더라면 그럴 일은 없었을 텐데 말이다.

올림픽 경기장을 지났고 열대식물의 녹음이 가득한 공원을 지나 다시 시내로 왔다. 신타그마 광장 앞에서 무작정 트램을 탔다. 트램을 타고 해변 쪽으로 가 볼 생각이었다. 트램이 천천히 시내 중심에 벗어나자 4~5층 건물로 빽빽이 들어찬 거주 지역은 화려한 시내와는 달리 변변찮은 식당도, 사람도 드물었다. 흑백사진 같은 느낌이었다. 시외 거주 지역을 지나니 파란 지중해와 하얀 백사장을 따라 파라솔이 꽂혀 있는 게 보였다. 트램에서 내려 운동화를 벗어들고 해변으로 향했다. 35도를 넘는 더위에 사람들은 투명한 바닷물에 몸을 담그고 있었다. 나도 바닷물에 발을 담갔다. 차가운 모래가 발가락 사이로 빠져나갔다.

다시 시내로 향하는 트램은 물놀이를 마치고 돌아가는 사람들로 곧 만원이 되었고 슬리퍼로 옮겨진 모래들로 바닥은 모래사장이 되었다.

산토리니

항구 근처 역으로 나오자마자 바다의 짠 내음이 코를 찔렀다. 다른 유럽 도시들의 항구가 정돈되고 깔끔한 느낌이었다면, 아테네 항구는 부산 자갈치 시장처럼 번잡하고 정신이 없었다. 수백 개의 여행사, 다양한 식당과 가게들이 줄지어 있고, 많은 사람과 자동차, 오토바이가 뒤섞여 정신이 없었다.

아침 7시에 취항하는 산토리니행 배에는 수백 명의 사람들과 화물, 자동차들을 가득 싣느라 분주했다. 산토리니까지는 9시간 항해를 해야 했다.

배 가장 높은 층에 햇볕 가림막이 있는 야외 좌석에 자리를 잡았다. 한국은 갈매기들에게 새우깡을 주는데 이곳에선 빵을 찢어서 던져줬다. 갈매기들이 곡예비행을 하며 절묘하게 낚아챘다.

옛 연인도 갈매기들에게 먹이를 주는 것을 좋아했다. 그녀는 종종 산토리니에 가고 싶다고 했다. 그곳에는 예쁜 집들과 바다가 있다고 말했다. 나는 산토리니에 대해 잘 알지 못했다. 그해 여름방학 때 장학금을 받았고 그 돈으로 친구들과 평소 가고 싶었던, 인도 여행을 떠났다.

우리는 지금 끝없이 펼쳐진 푸른 지중해 위에 있다. 말해달라. 그때 산토리니행 배에 있었다면 무언가 달라졌을까. 너무 심한 욕은 사양하겠다.

어느덧 드문드문 여러 개의 큰 섬과 작은 섬들이 보였다, 새파랬던 바다

는 수심이 얕아지면서 에메랄드빛으로 변했다. 멀리 칼로 벤 듯이 세모난 섬이 보였다. 산토리니였다.

배는 섬에 근접해 정박할 곳으로 향했다. 산토리니는 온통 300미터 높이의 가파른 절벽으로 둘러싸여 있었다. 이 절경은 어떤 시대의 인간도 만들 수 없을 것이다. 넋을 놓고 바라볼 뿐이었다. 배는 섬의 신항에 정박했다.

항구에는 관광객을 픽업 나온 숙소 자동차들과 버스 수십 대가 뒤엉켜서 아수라장이었다. 버스는 운전기사와 표를 받고 짐 관리하는 사람, 2인 1조로 운행되었다. 내가 예약한 숙소는 섬 중심지인 테라 마을을 가기 전이라 운전기사에게 물어물어 숙소로 가는 만원 버스에 몸을 비집고 탔다. 버스는 절벽에 지그재그로 나 있는 좁은 2차선 도로를 천천히 올라갔다. 사람들로 꽉 차 있는 낡은 버스가 급경사 절벽을 올라가자 엔진에서 터질듯한 굉음과 탄내가 났다. 내려오는 차와 올라가는 차들이 아슬아슬하게 비껴갔다. 불안에 떠는 옆 사람의 손이라도 잡고 싶은 심정이었다.

버스는 집이 몇 채 없는 작은 마을에 서더니 운전기사가 큰 소리로 내려야 할 정류장 이름을 외쳤다. 버스에서 내려 뒤를 돌아봤는데 많은 승객 중 누구도 내릴 생각을 하지 않았다. 버스 문이 닫혔고 다시 불안감이 엄습했다.

상상했던 산토리니는 섬 한 바퀴를 걸어서 한 시간이면 돌 수 있는 작은 섬인 줄 알았다. 그런데 산토리니는 버스를 타고도 섬의 북쪽에서 남쪽까지 한 시간이 넘게 걸리는 큰 섬이었다. 나는 그녀가 산토리니를 좋아하는 것을 알고 있었지만, 관심을 기울이진 않았던 것이다.

축척을 잘못 봤는지, 지도상으로 시내와 멀어 보이지 않아 예약한 건데 주위에는 아무것도 없었다. 달랑 숙소 건물과 민간인이 사는 집 몇 채가 전부였다. 수영장도 있고 깨끗한 숙소였지만 중심지와 멀었고 투숙객도 없다 보니 혼자 유배된 느낌이었다.

다음 날, 숙소에서 느지막이 나와 테라 마을로 가는 버스를 탔다. 남쪽과 북쪽을 이어주는 길은 하나였지만 종점은 그 중간의 테라 마을 터미널이었다. 버스에서 내렸고, 터미널에서 테라 마을까지는 거리가 있어 북쪽으로 가는 버스로 갈아타야 했다. 3유로의 버스비를 더 내야 했고 불편한 대중교통에 약간 짜증이 났다. 10여 분이 지난 뒤 운전기사가 큰 소리로 테라 마을이라고 외쳤다.

버스에서 내리자 시선은 자연스레 테라 마을로 향했다. 산토리니의 드넓은 바다와 하늘을 배경으로 한 절벽에, 빼곡히 모여있는 하얀 집들, 파란색 창문과 지붕, 깨끗한 바람에 나풀거리는 가벼운 옷차림, 피어나는 미소, 환희 그리고 환호, 버스는 평화와 카타르시스의 중앙에 우리를 내려주었던 것이다.

그 자리에서 이젤을 폈다. 무엇을 그려도 멋진 그림이 될 줄 알았는데 무엇을 그려야 할지 난감했다. 바다도 집도 결벽도 뚜렷한 매력이 있었고 그것들이 이상적인 대비와 구도로 서로의 매력을 상승시켜 주고 있었다. 모든 것을 그리기에는 너무 많은 시간이 걸렸다. 그린다 해도 피렌체 노인의 말처럼 사진보다 정확할 수도 없었고 실제의 감동을 전할 수 없을 것 같았다. 무엇보다 우린 여행 중이었고 테라 마을을 구경하고 싶었다. 기념사진을 찍는다 생각하고 마을에서 가장 커다란 집을 그렸다.

골목과 골목에 늘어서 있는 레스토랑과 펍에는 관광객들로 북적였다. 골

목마다 이색적인 상점들이 많아 시간 가는 줄 모르고 발길 닿는 데로 길을 걸었다. 중심거리에는 거리 예술가와 각종 특산품과 기념품을 파는 봇짐장수들로 구경거리를 더했다. 구경만 하기 뭐해 봇짐장수에게 산토리니 풍경이 있는 국제 엽서 한 묶음을 샀다.

어딜 가든 하양과 파랑이었다. 깨끗한 하얀색 벽과, 깨끗한 파란색 바다, 또한 깨끗한 색의 바람이 동시에 진행됐다. 눈이 부셨다. 티 없이 깨끗한 것들이 겹치면 그것이 산토리니였다.

다시 버스정류장으로 돌아와 이아 마을을 가는 버스를 탔다. 버스는 절벽을 따라 위태롭게 곡선을 그린 도로를 빠르게 달렸다. 넓은 대지가 나왔고 녹색 초원을 상상했지만, 검은색 흙으로 덮인 사막이 펼쳐져 있었다. 테라 마을과 대조적인 풍경에 무섭다는 느낌마저 들었다. 20분 뒤 섬의 북쪽 끝 이아 마을에 도착했다.

마을의 초입부터 이미 수많은 관광객으로 꽉 차 있었다. 골목길을 따라 걸었고 이아 마을은 테라 마을과 비슷한 풍경이지만 번잡한 느낌이 없었다. 건물과 건물이 계단으로 연결돼 친숙한 느낌이었고 꽃과 소품 등으로 거리를 세심하면서도 아기자기하게 꾸며놓았다. 스스럼없이 공중화장실을 배경으로 사진을 찍는 관광객을 볼 수 있듯이 이아 마을 사람들은 동등하게 마을 전체를 아름답게 꾸며 놓았다.

배가 고팠다. 바다가 보이는 옥상 식당을 찾아 문어숙회, 오징어 요리, 우

조를 시켰다. 우조는 그리스 전통술이었고, 여행 오기 전 산토리니 관련 다큐에서 어부들이 통발로 문어를 잡는 것을 봤다. 문어숙회에 우조를 곁들여 먹는데 그렇게 맛있어 보였다. 관광지라 가격이 비싼 줄 알았는데 사면이 바다여서인지 해산물 가격이 저렴했다.

하얀색 넓은 접시에 빨간 문어, 노란색 올리브유, 초록 샐러드, 통통한 살굿빛 오징어. 색의 조화로움이 완벽한 추상화 같았다. 그토록 먹고 싶었던 문어숙회를 시식해 봤다. 숙회는 레드와인에 각종 향신료와 함께 삶은 뒤 살짝 얼린 정도였다. 새콤달콤, 쫄깃쫄깃 오감을 자극하는 맛이었다. 살짝 얼어있는 문어와 곁들여 마시는 차가운 우조 한 잔은 더운 날씨에 몸이 오싹해질 정도였다. 호기심으로 시킨 오징어도 맛보았다. 통오징어에 안에 치즈와 고기, 채소가 들어가 있었다. 상큼한 그릭 샐러드와 쫄깃한 오징어를 같이 먹는 느낌이랄까. 산토리니의 바다를 바라보며 즐기는 한 끼는 너무나 행복했다. 유럽에 온 이후로 최고의 식사였다.

식사를 마치고 이아 마을 끝까지 걸었다. 우체통이 있는 작은 공터가 있었고 벼랑 위의 마을이 잘 보이는 곳이었다. 공원 난간에 걸터앉았다. 내일 이아 마을을 그릴 생각이었고 이아 마을 사람들처럼 세심하게 마을에 관심을 가져볼 생각이었다.

2시간이 지났고 약간 지루해졌다. 마을을 한 바퀴 더 돌까 하다가 테라 마을에서 산 국제 엽서를 꺼냈다. 그리고 생각나는 대로 엽서를 썼다. 독일 친구 토마스에게 엽서를 썼다. 그 친구는 어학원 선생님인데 나와 나이가 같았고 여행을 한다고 하면 조언을 많이 해줬다.

"소중한 친구 토마스, 산토리니에 아직 안 와봤다고? 스포 하려고 엽서를 써."

다음은 베네치아의 숙소 아주머니에게 엽서를 썼다.

“아주머니, 저 기억하시죠. 닭볶음탕 맛을 잊을 수가 없어요. 지금 산토리니인데 아주머니는 여기 오지 마세요. 산토리니에서 민박집을 차릴 테니까요.”

한국에 있는 친구에게 엽서를 썼다.

“엽서에 있는 사진 있지? 실물이 지금 내 앞에 있어.”

엽서를 쓰는 사이 해가 지고 세상은 온통 붉게 물들었다. 이아 마을은 애초에 하얀 도화지였던 것처럼 붉은 물감을 가감 없이 빨아들였다. 그 황홀한 풍경에 갑자기 그녀가 생각났다. 오전에는 슬픈 표정을 짓다가도 오후에는 환하게 웃는 그녀의 모습이 좋았다. 그녀의 표정은 수시로 변했고 그 모습이 산토리니의 풍경처럼 신비롭고 사랑스러웠다.

한동안 황홀한 노을 안에 있다가 다시 엽서를 썼다. 남은 엽서는 한 장뿐이었다. 주소를 쓰는데, 단 한 번도 되새긴 적 없는 주소가 너무 자연스럽게 쓰였다. 그런데 엽서를 뒤집자 잘 놀렸던 펜이 도무지 움직이지를 않았다.

다시 시간은 지나 달이 떠올랐다. 달빛은 너무 청명한 밤이었던 나머지, 바람의 이동까지 비추고 있었다. 잔잔한 수면에서 은은하게 빛났고, 달과 이아 마을 사이에는 강력한 인력이 작용했다.

“기억을 되짚다 보니 산토리니까지 왔어.”

엽서를 쓰기 무섭게 도둑질이라도 하는 양 엽서 뭉치를 우체통에 욱여넣었다. 그리고 정신없이 뛰었다. 별과 달이 뜀박질에 맞춰 춤을 추었다. 막차 시간이 촉박해서 뛰었다고 하자.

다음 날 일찍 이아 마을에 도착했다. 어제 충분히 관심을 가졌기에 좋은 그림이 나올 것 같았다. 그런데 아침의 산토리니는 하늘에서 은가루라도 뿌

려지는 듯 반짝거렸다. 어제와는 전혀 다른 모습이었다. 세상 모든 일이 그렇지만 깊이 파면 어려워졌다.

어려운 것이 싫었을까, 그녀의 다양한 표정이 싫어졌고, 그때마다 다른 행동으로 대처해야 했다. 그녀가 안정적이길 바랐다. 항상 웃는 모습 말이다.

의도치 않았다. 난생처음 추상화라는 것을 그리고 있었다.

다음 날, 그나마 숙소에서 제일 가까운 동쪽의 카마리 해변까지 걸어가 볼 계획이었다. 마땅한 길이 없어 멀찌감치 보이는 바다를 향해 길을 개척해나가며 걸었다. 숙소 옆 20가구도 채 되지 않는 마을을 지나자 벌판이 나왔다. 마른 당근이나 무를 보니 밭이었다. 밭 사이를 가로질러 가다 포도를

발견했다. 흔히 생각하는 포도 덩굴이 아닌 흙 위에 새끼손가락 굵기도 안 되는 포도 넝쿨이 시체처럼 누워 있다. 호기심에 손가락 길이의 포도 한 송이를 따서 한 알 입에 넣었다. 순간 번개가 친 것 같았다. 새끼손톱보다 작은 포도알은 남유럽의 뜨거운 태양과 지중해의 해풍에 진한 달콤함이 전부 농축되어 있었다. 단맛을 음미하며 해변을 향해 다시 걸었다. 버스에서 봤던 검은 흙의 사막이 나왔고, 두 시간 정도 걸었을까,

삼킬 침도 없이 목이 타들어 갈 때쯤 카마리 해변에 도착했다. 사람들은 해수욕을 하고, 파라솔 아래에서 여유를 즐기고 있었다. 맥주 한잔할 생각으로 술집에 딸린 파라솔 아래에 자리를 잡았다. 바쁘게 움직이는 점원은 500밀리 맥주 한 잔을 가져다주었고, 나는 숨 한 번 쉬지 않은 채 맥주잔의 반을 비워버렸다.

여행은 아름답다. 우리는 포도밭 주인이 아니었고 맥줏집 점원도 아니었다. 그저 아름다운 것을 볼 준비를 하고 있을 뿐이었다. 그것이 지루해질 즈음 베이스캠프로 향했다.

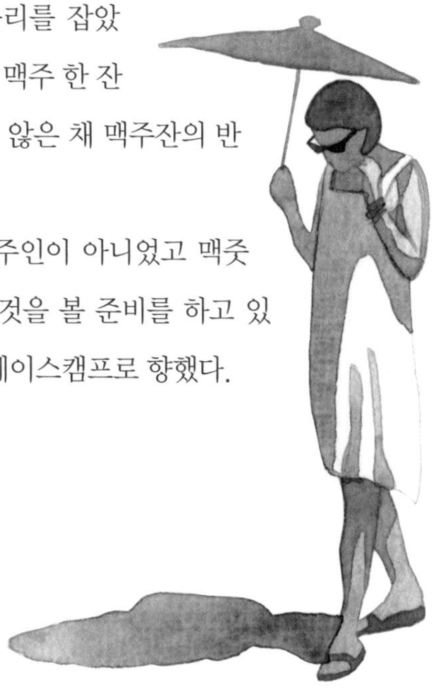

바르샤바

10월, 겨울학기가 시작됐다. 학교생활은 괜찮았다. 독일인 학생과, 유학을 온 각국의 학생들과 친구가 되었고, 교육 환경도 무척 좋았다. 학교는 개인당 작업실 하나를 통째로 지급했다. 수업이 없을 때는 작업실에서 그림을 그리거나 잠을 자곤 했다. 아무런 눈치를 볼 필요가 없었고, 게다가 학비도 무료였다. 비싼 수업료를 내고도 한 평도 되지 않는 도서관 자리가 없어, 공부할 곳을 찾아 헤매던 때가 너무 먼 옛일인 것 같았다.

작업실은 라디에이터가 작동되어 따뜻했고 창문 밖에는 몇 장 되지 않는 잎새가 아슬아슬하게 매달려 있었다. 잎새가 마저 떨어지면 다시 겨울이다. 독일의 가을은 유독 짧지만 진한 아름다움이 있었다.

어느 시인은 가을은 시간이라고 말했다. 개강한 지 얼마 되지 않아 여유가 있었다. 바로 중앙역으로 달려가 이틀 뒤 떠나는 폴란드 바르샤바행 기차 티켓을 충동적으로 구매했다.

베를린에서 폴란드 바르샤바까지는 기차로 약 5시간 정도 걸렸다. 바르샤바행 직통 기차는 비가 추적추적 내리는 베를린을 떠났다. 기차가 달린 지 한 시간도 채 되지 않아 휴대폰에서 국경을 통과했다는 자동 로밍 SMS 알림음이 울렸다. 언덕 하나 없이 끝없는 땅에 100년은 족히 되어 보이는 나무들이 가득했다. 늦가을의 숲은 마치 붉은 수채화 물감을 풀어 놓은 것 같았다. 끝없이 펼쳐진 숲을 지나자 하나둘 집들이 보였다. 한가로운 시골 역을 몇 번 지나간 후 종착역인 바르샤바에 도착한다는 방송이 흘러나왔다. 점점 아파트와 주택들로 가득해졌고, 기차는 바르샤바 중앙역에 도착했다.

바르샤바 중앙역에 내리니 많은 사람으로 번잡했다. 매번 여행지에 도착했을 때마다 긴장과 두려움, 혹은 새로움에 심장의 울림이 뇌를 흔들었다. 이제 익숙해졌는지 목덜미가 약간 서늘한 정도였다.

중앙역 정문으로 나오자 나무 한 그루 없는 넓은 광장이 펼쳐져 있었다. 중앙역 앞에는 바르샤바 문화과학궁전이라는 건물이 있었는데 1950년대 소련의 스탈린이 형제 국가에 선물한다는 이유로 지었다고 했다. 한국의 조선총독부 건물과 비슷한 의미로, 소련 지배의 잔재이며 아픈 역사를 잊지 않으려는 폴란드인의 위령탑이기도 했다.

광장을 지나 숙소로 향했다. 동유럽 특유의 묘한 스산함이 여기도 있었다. 빨간 지붕으로 가득 찬 조용한 서유럽 느낌도, 그렇다고 빌딩 숲의 모던한 도시도 아니었다. 현대적인 고층 건물들 사이사이 폐쇄된 건물이 충치처럼 끼어있었다. 오래된 30층 높이의 폐건물의 벽에는 페인트칠이 바래고 갈라져 콘크리트 외형이 그대로 노출되었고, 깨진 창문들이 방치되어 있었다. 사람들의 표정, 옷차림도 무채색이 대부분이었고, 유색인종은 찾아볼 수 없었다. 동양인은 우리가 유일했고 불청객이 된 건 아닐까 싶었다.

예약한 숙소는 시내 한가운데에 위치해 쉽게 찾을 수 있었다. 그런데 그 자리에는 호텔이 아닌 아파트가 있었다. 스톡홀름 때와 같은 상황이었다. 한 번 경험이 있었기에 당황하지 않고 종이에 적힌 전화번호를 눌렀다. 한 남성이 받았는데, 문제는 그의 말을 전혀 알아들을 수 없었다는 것이다. 그는 영어도 독일어도 아예 할 줄 몰랐다. 어렵지 않았다. 지나가는 청년에게 도움을 청했다.

청년은 흔쾌히 요청을 들어주었고, 아파트 뒤쪽 입구의 경비원에게 말하고 702호로 들어가면 된다고 말했다. 1박에 50유로의 저렴한 가격에 예약했기에 숙소에 대한 기대감은 없었다. 감사의 인사를 전하고 7층으로 올라가 문을 열자 눈을 의심하지 않을 수 없었다. 모던한 디자인에 깨끗한 침구류, 커다란 평면 티브이, 널찍한 소파, 욕조까지 있었다. 부엌에는 냉장고, 오븐, 전자레인지와 각종 요리 집기류까지 풀 세팅이 되어있었다. 동유럽의 물가는 정말 사랑스러웠다. 곧 집주인이 들어와 돈을 지급하고, 열쇠를 받았다.

숙소 체크인을 마치고 늦은 밤이었지만 배가 고파 밖으로 나갔다. 대형 슈퍼마켓 간판 하나가 눈에 들어왔고 마켓 안으로 들어갔다. 늦은 시간에도 마켓은 많은 사람으로 붐볐다.

낯선 알파벳들로 가득한 오색의 비닐 포장 속에 폴란드 음식인지 생소한 먹거리들이 많았다. 그중 폴란드 사람이 많이 구매하는 음식이 있었다. 피에로기라는 만두와 똑같이 생긴 음식이었는데 호기심에 장바구니에 넣어 숙소로 향했다.

넓은 거실의 소파에 앉아 폴란드 TV 프로그램을 보며 음식들을 늘어놓고 먹었다. 피에로기를 한입 물자 두꺼운 밀가루 피 안에는 곡류, 고기, 치즈 등이 들어 있었고 밀가루 피가 두껍고 딱딱해 내용물의 식감을 전혀 느낄 수 없었다. 딱딱한 피를 씹다 보면 내용물은 이미 식도를 타고 내려갔고 밀가루 피만 입안에서 걸리적거렸다. 알아들을 수 없는 TV 프로그램과 맛있다고는 할 수 없는 음식, 그래도 이색적인 경험에 입꼬리가 올라갔다.

편안한 침대의 마력에 빠져 늦게 일어나고 말았다. 나는 서둘러 밖으로 출발했다. 신시가지의 매끈한 고층 빌딩이 솟은 거리는 많은 사람으로 붐볐다. 쇼윈도엔 다양한 신상 제품이 진열되어 있었고 촘촘히 박혀있는 대리석 보도블록은 거리에 청결함을 더했다. 낙후되어 비위생적인 거리를 상상했지만, 여지없이 빗나갔다.

신시가지를 지나자 도로 건너편에 구시가지가 보였다. 보통 신시가지와 구시가지가 나뉘더라도 분위기는 크게 다르지 않았는데, 바르샤바는 신시가지와 구시가지가 극명하게 갈려 있었다. 한쪽의 현재와 또 한쪽의 과거로 말이다. 제1·2차 세계대전이라는 역사의 소용돌이 속에서 바르샤바는 잿더미가 됐고, 하나부터 열까지 재건해야만 했다. 구역을 나눠 재건한 결과가 현재에 이른 것이었다. 그들은 전쟁 전으로 회귀할 수 없었지만 과거와 단절을 막기 위해 한 구역을 구시가지로 재현했을 것이다. 우리는 그 경계에서 있었다. 나는 그 자리에서 그림 그릴 준비를 했다. 현재의 바르샤바로 이젤을 돌려세웠다.

시멘트와 철골로 지어진 고층 빌딩, 널찍한 도로와 자동차, 깔끔한 조경, 바쁘게 움직이는 사람들, 우리는 이곳의 비전을 보고 모여들었다. 감정과 비전 사이 무게 추는 한쪽으로 기울었다. 안정을 찾기 위해서 말이다. 처음 독일에 왔을 때와 지금은 비교할 수 없이 안정적이었다. 그런데 그 안정은 비 오는 차창 너머의 세상처럼 뭔가를 흐릿하게 만들었다.

이젤을 과거의 바르샤바로 돌려세웠다. 구시가지는 어디에서도 본 적 없는 독특한 분위기였다. 보통 유럽식 건축은 빨간 지붕에 흰색 혹은 황토색 벽이 일반적이었지만, 구시가지의 3, 4층 정도의 건물들은 채도를 낮춘 은은한 하늘색, 연두색, 노란색 등이 벽 자체에 스며들어 있었다. 마치 앨범에

서 쏟아진 옛날 사진들처럼 말이다.

그림 그리는 것을 잠시 멈추고 휴대폰을 꺼내 옛날 사진을 들춰 봤다. 그런데 그 기억이 흐릿해서인지 감흥이 없었다. 뭔가 잊고 있는 기분이었다.

그림 그리는 것을 마치고 구시가지로 들어섰다. 대부분의 유럽 관광지는 도시의 통일성을 위해 건물에 칠할 수 있는 색을 제한하지만, 구시가 광장을 둘러싼 각양각색의 건물 색은 건물주 마음대로 색을 칠할 수 있었다. 은은한 느낌의 벽면이 궁금해서 살펴보니 시멘트나 돌가루에 색소를 섞어 외벽을 치장한 현대식 공법인 것 같았다. 그 은은한 각양각색의 건물들과 간혹 나오는 오래된 건물의 중후함이 아이러니하게도 조화를 이뤘다. 한 폭의 프레스코화 속을 걷는 기분이라고 할까. 바르샤바 국립대학을 지났고, 대통

령궁을 지나 성 십자가 교회에 멈춰 섰다.

성 십자가 교회는 쇼팽의 심장이 안치된 곳으로 유명했다. 쇼팽은 프랑스에서 세상을 떠나 프랑스에 묻혔지만, 심장은 바르샤바의 성 십자가 교회에 안치되었다. 교회 안은 그의 팬들로 꽉 차 있었다. 쇼팽의 유언에 따라 심장은 바르샤바로 보내졌다고 하지만 어떤 연유로 심장이 이 교회에 있게 되었는지는 정확히 알려지지 않았다. 음악이 낮게 흘러나왔고, 쇼팽의 피아노 선율이 그들에겐 마치 그의 심장이 다시 뛰기라도 하는 듯 귀를 기울였다. 음악이 끝나자 그들은 박수와 기도로 경의를 표했다. 생김새도 언어도 다른 전 세계의 사람들에게 감동을 주었기에 쇼팽은 죽었지만, 그의 창조물은 여전히 특별했다.

쇼팽과 시간을 보낸 후 구시가지를 계속 걸었다. 이윽고 구시가 광장을 만났다. 광장 입구에는 거대한 기둥 위에 칼을 차고 있는 지그문트 3세의 동상이 세워져 있었다. 500년 전 러시아 모스크바까지 점령하고 바르샤바로 수도를 옮긴 폴란드의 대왕이었다. 열강 사이에 낀 폴란드는 한국의 역사와 유사한 점이 많았다.

골목골목에는 아기자기한 상점들이 많았다. 날은 어둑해졌고 서너 평 남짓한 상점에 하나둘 불이 밝혀졌다. 각종 공예품을 팔았고, 뜨개질 공방, 헌책방, 서너 개의 테이블이 전부인 카페, 고소한 냄새를 풍기는 작은 빵집 등이 있었다. 골목을 빠져나오니 제법 넓은 길이 나왔다. 간간이 관광객을 태운 미니 기차와 마차가 지나다녔다. 구시가지는 워낙 작다 보니 별다른 긴

장감 없이 보이는 대로 즐길 수 있었다.

구시가지 끝에는 성곽이 보였는데, 성곽은 구시가지를 동그랗게 감싸고 있었다. 성곽에 올라 성곽 밖을 보니 성곽 아래로는 비탈진 경사면에 주택들이 자리 잡고 있었고 그 뒤로 강이 흐르고 있었다. 강 너머의 동쪽은 허허벌판이었다. 바르샤바의 현재와 과거를 갈라놓았듯, 성곽은 과거와 또 다른 무언가를 갈라놓고 있었다. 그것이 무엇인지 알 수 없어 답답했고, 확인해 보고 싶었다.

성곽을 내려가 강까지 가보기로 했다. 성곽을 넘어 좁은 비탈길을 조심조심 걸었다. 좁고 어두운 길, 수많은 계단, 촘촘히 들어선 작은 집들, 서울의 달동네가 연상되는 길을 내려왔다.

강을 앞에 두고 6차선 도로 위로 무섭게 자동차들이 질주했다. 헤드라이트 불빛이 잠잠한 틈을 타 충동적으로 뛰어 길을 건넜다. 강으로 내려와 보니 강의 모습은 예측보다 더 처참했다. 바르샤바의 강은 산책로도 없었고 메마른 강에는 나무와 풀들이 뒤엉켜 있었다. 단순히 물이 흐르는 물길로 쓰이는 용도일 뿐 그 이외에는 아무것도 없었다. 무엇을 찾아내기는커녕 약간 불쾌했다. 사실 이번 여행 내내 특별한 감흥이 없었다. 그동안 여행하면서 본 듯한 사람과 본 듯한 건물들 이상의 느낌이 없었다. 그런 느낌은 비단 바르샤바에서만이 아니라 독일에서부터 안고 온 것들이었다. 그것이 풀리지 않았다.

뒤돌아 강둑을 향해 걸음을 옮겼을 때 날 선 바람이 불어왔다. 겨울을 알리는 바람이었다. 독일에 처음 왔을 때 외로움과 불안함에 겨울바람을 맞으며 밤새 황량한 벌판을 걸었었다. 기억하고 싶지 않을 만큼 힘든 시기였다. 상관없었다. 지금은 주변과 생활 그리고 마음이 안정을 찾고 있었다. 독일어로 생각하며 그림을 그릴 수 있었고 학교에서 친구들과 떠들다 보면 외로울 틈이 없었다. 전환이 필요하다 싶으면 여행을 떠났다.

원하던 것들이었다. 그런데 뭔가 허전했다. 쇼팽의 시신처럼 심장이 떨어져 나간 느낌이랄까. 정말 심장이 뛰고 있다는 생각이 들지 않았다. 혹시나 하는 마음에 살며시 가슴에 손을 대 보았다.

화들짝 놀라 심장을 찾아보니 그녀는 내 옆에 없었다.

다음 날, 바르샤바 남쪽에 와지엔키 공원을 찾았다. 와지엔키 공원은 한없이 넓은 숲이 펼쳐져 있었다. 끝도 없이 펼쳐진 숲에는 인공 수로와 잘 가꾸어진 나무와 화단, 크고 작은 호수들이 마치 베르사유 정원을 연상하게 했다. 호수에서 유유히 헤엄치는 백조와 오리들, 작은 연못에 핀 수련, 담장을 덮은 장미 덩굴, 그 아래 핀 오색의 작은 꽃들, 손을 잡고 걷는 노부부, 놀이터에서 놀고 있는 아이들, 평화로웠다.

와지엔키 공원 중앙에는 궁전과 박물관, 미술관들이 호수 위에 섬처럼 떠 있었다. 예기치 못한 풍경과 그것을 감싼 숲 내음에 절로 미소가 지어졌다.

곧 해가 서쪽 나무 끝에 걸렸고 하늘은 농밀한 남색으로 변해갔다. 차가운 공기가 콧잔등을 시리게 했고 나뭇잎은 빠르게 떨어졌다. 쇼팽 공원을 지나 좀 더 깊은 숲으로 들어갔다. 거대한 침엽수림의 산책로는 미로처럼 끊임없이 이어져 있었다. 수백 년은 이 자리를 지켰을 거대한 침엽수림들 아래는 어둡고 음침했다. 호랑이나 산짐승이 튀어나올 듯한 분위기였고 더 이상 깊숙이 들어가면 안 되겠다 싶었다. 그래도 호기심이 생겨 몇 발짝 안으로 들어가 보았다. 되찾은 심장이 무척이나 크게 울렸다.

빈

해가 자취를 감추자, 빈에 도착한다는 안내방송이 흘러나왔다. 숙소로 가기 위해 썰렁한 거리를 터벅터벅 걸었다. 빈은 정방형의 거리와 건물이 독일과 닮아 있었다. 모차르트, 클림트, 훈데르트바써의 예술의 도시를 상상했던 나에겐 깨끗하기만 한 도시가 적잖게 실망스러웠다.

상점들이 문을 닫은 빈의 어두운 거리에서 발걸음을 돌리게 한 건 트램이 다니는 거리에서였다. 트램 선로 위의 전기선을 고정하기 위해 양쪽 건물에 줄이 거미줄처럼 엮여 있었는데, 그 줄에 탐스러운 열매처럼 주황색 둥근 가로등이 주렁주렁 매달려 있었다. 합리적인 도시에 어울리지 않은 모습이었지만 그 아래를 걷는 것이 좋았다.

숙소에 도착하자 리셉션에 젊은 여성이 있었다. 환영한다는 짧은 인사와 예약자의 이름을 물어보는데 독특한 억양과 발음의 독일어가 무척이나 생소하게 느껴졌다. 그녀도 내가 하는 말에 고개를 갸웃거렸다. 같은 독일어를 쓰는 국가지만 오스트리아의 언어는 어딘가 달랐다. 체크인을 마치고 방에 들어가 숨을 돌렸다. 배가 고팠고 오는 길에 사 온 케밥을 먹고 나자 빈에서의 하루가 저물었다.

낯선 공기와 또렷한 햇빛, 가을 아침은 상쾌했다. 본격적으로 시내를 둘러보려는 차에 노천카페에 사람들이 모여 커피를 마시는 모습이 눈길을 끌었다. 거의 모든 사람이 엄지손가락만 한 잔에 에스프레소를 마시고 있었다. 여긴 빈이었지. 나도 왠지 에스프레소를 마셔야 할 것 같아 에스프레소 한 잔을 주문했다. 독하고 썼다. 그래도 진짜 비엔나커피라는 생각에 마지막 한 방울까지 입속에 털어 넣었다.

거리는 가로수와 꽃, 잔디밭이 잘 가꾸어져 있었다. 곧이어 넓은 공원과 광장을 끼고 다섯 개의 첨탑이 멋스럽게 솟아있는 시청 건물과 만났다. 이곳이 이번 여행의 시작점인 것 같아 스케치했다.

스케치를 마치고 슈테판 성당 쪽으로 걸었다. 반복되는 사각의 도시 풍경이 재미없어 이어폰을 끼고 모차르트 음악을 켰다. 조금은 새로웠고 음악 출력을 최대로 올렸다. 슈테판 성당으로 가기 위해서는 빈의 심장이라 불리

는 호프부르크 왕궁을 지나야 했다.

1220년경에 세워진 합스부르크 왕가의 궁전은 바로크, 르네상스 양식답게 화려하고 우아했다. 왕궁을 천천히 둘러보고 왕궁의 동쪽 문으로 나갔는데 쇼핑센터, 명품점, 음식점들이 줄지어 있었다. 순간이지만 과거에서 현재로 오버랩되는 것을 느꼈고 잠깐 머리가 멍해진 사이 커다란 말의 머리가 그 풍경을 가렸다. 깜짝 놀라 뒷걸음쳤고 내 앞에는 관광객을 태운 마차들이 지나가고 있었다. 이어폰 음악 소리 때문에 의식할 수 없었고 이어폰을 빼고 나서야 거리는 또각거리는 말발굽이 장황하게 울렸다.

도시 속의 말과 마차는 분명 어색했고 합리적이지 않았다. 생각해 보면 사랑처럼 합리적이지 않은 게 또 있을까. 나는 그녀를 만나러 가기 위해 몇 천 킬로를 가고 있다. 그녀가 나를 보면 반갑게 웃어준다는 보장도 없이 말이다. 얼마나 비합리적인가. 그런데 검은 말과 마차의 모습에 눈을 뗄 수가 없었다. 합리적이지 않았던 일들은 기억에 오래 남는다.

시내의 중심부로 걸었고 좁은 거리는 점점 넓어지고 곧이어 광장이 나왔다. 넓은 광장을 끼고 거대한 건물 하나와 마주했는데 빈 시내에서 가장 높이 솟아있는 슈테판 대성당이었다. 고딕 양식 최고의 성당이란 명성에 맞게 수많은 관광객으로 가득했다. 슈테판 대성당 내부로 들어가고 싶었지만, 모차르트 공연을 하고 있어서 티켓을 구매한 관람객들만 들어갈 수 있었다.

나 같은 모차르트 팬에게는 성지와 같은 장소, 성당 내부 특유의 소리 울림을 느껴보지 못한 것이 못내 아쉬웠다. 대신 그림 그릴 준비를 했다.

합리적인 도시의 중앙에 전혀 합리적이지 않은 예술품, 그리고 음악. 나는 오선지와 음표를 그림에 주입해 보려 나름대로 고뇌하고 있었다.

작업을 끝내고 다음 장소로 이동하려 지도를 펼쳤다. 훈데르트바써의 건축물 바써 하우스로 가기 위해서였다. 빈에는 훈데르트바써의 건축물과 작품들이 곳곳에 흩어져 있지만, 그중 가장 유명한 건축물은 바써 하우스였다.

모차르트 공원을 지나 석회 지대의 하늘색 물이 흐르는 도우나강을 따라 현지인들의 주거 지역으로 들어섰다, 표지판도 없어 현지인한테 물어물어 바써 하우스를 찾을 수 있었다. 관광객이라고는 열 명 남짓이었다. 바써 하우스는 일반 입주민이 주거하는 공동주택이어서인지 접근성이 좋다고 볼 수는 없었다. 얼핏 보기에 바써 하우스는 괴짜 하우스가 아닐까 할 정도로 이상했다. 일단 그림을 그려보기로 했다.

나선의 형태와 곡선이 강조된 건축물이었지만 각호마다 크기가 달랐고 돌출된 호가 있는 반면 움푹 팬 호도 있었다. 창문의 크기와 개수도 달랐고 페인트 색깔도 달랐다. 그런 것들이 쌓여 하나의 건물을 이루고 있었다. 그것을 하나하나 그리다 보니 나도 모르게 한마디의 말을 토해냈다.

"하트."

사랑의 모양, 사랑하는 사람들의 세상. 하트는 그리는 사람마다 그 모양과 크기가 지문처럼 다르다. 우리는 언제부턴가 사랑을 있는 그대로 인정하지 않고 사랑의 모양을 규격화하려 했던 건 아닐까. 사랑을 규격화할수록 사랑은 균열이 가고 갈라져 버리기 쉬웠다.

나는 저 안에서 살고 싶다는 욕구를 느꼈다. 사랑 안에 있고 싶었지만 내

게는 사랑이 없었다. 갑자기 갈증을 느꼈고 분수대로 다가가 정체불명의 물을 마셨다. 그리고 퍼지는 물에 비친 내 모습이 불쌍해 보였다.

다음 날 트램에 올라탔다. 두 칸 차량의 장난감 같은 트램은 평일 오전이라 사람이 많지 않았다. 찌리링 찌리링 경적을 울리며 출발한 트램은 시내를 한 바퀴 돌아 벨베데레 궁전에 도착했다.

이탈리아어로 전망이 좋다는 뜻의 벨베데레 궁전은 바로크 건축물이고 베르사유 궁전과 많이 닮았다. 또한, 드넓은 대지 위에 정원과 숲이 잘 조성되어 있었다. 이 궁전을 찾은 또 하나의 이유는 클림트의 작품 컬렉션이 전시되어 있기 때문이었다. 전시실에 들어가니 클림트의 대표작 〈키스〉, 〈유

디트〉, 그의 제자 에곤 쉴레의 〈죽음과 소녀〉, 〈포옹〉 등 빈 분리파 작가들의 작품들을 볼 수 있었다. 어제 훈데르트바써의 작품 앞에 있던 내 모습과 달리 클림트의 작품 앞에 있는 관광객들은 설렘과 만족감을 표시하고 있었다. 그들은 무슨 생각을 하고 있을까 하는 생각에 클림트의 작품을 모작이라도 해보고 싶었지만, 이곳은 파리의 오르세가 아니었다.

벨베데레 궁전에서 나와 또 다른 궁전인 쇤브룬 궁전으로 향했다. 쇤브룬 궁전도 벨베데레 궁전처럼 건물, 정원과 숲이 잘 조성되어 있었다. 아름다운 우물이라는 뜻의 궁전을 한 바퀴 둘러본 후 궁전이 잘 보이는 잔디밭에 앉았다. 이 잔디밭에서 빈 여행을 마무리하고 있었다. 빈에 왔던 것처럼 빈에서 떠나는 것이다.

이봐요, 금발의 멋진 여자분. 우리는 지금 만났지만 이제 헤어져야 해. 나는 당신의 인생에 먼지만큼의 존재니까 우리 헤어짐에 아쉬움은 없을 거야.

꽃을 들고 바쁘게 가는 여자분, 우리는 서로 전혀 관계없는 인생을 살아가겠지. 우리 급하게도 헤어진다.

굽은 허리로 천천히 걸어가는 할머니, 우리는 서로를 모른 채 이렇게 긴 시간을 살아왔으니 조금 천천히 헤어져요.

그러나 나의 연인은, 그녀에게는 너무 많은 감정의 먼지가 쌓여 있었다.

자그레브

새벽, 자그레브로 가기 위해 역에 도착했다. 빈에서 출발해 오스트리아 남부 작은 도시 필라흐에서 환승해서 슬로베니아 류블랴나를 거쳐, 목적지인 크로아티아 자그레브에 도착하는 약 8시간의 여정이었다. OBB 마크가 선명하게 찍힌 오스트리아 고속 열차에 올라탔다. 기차는 곧 빈 중앙역을 빠져나와 남쪽으로 달리기 시작했다.

기차가 출발한 지 얼마 되지 않아 그녀에게서 메시지가 왔다. 로마 트레비 분수에서 만나자는 내용이었다. 이제 일주일 후면 그녀를 만나게 된다. 말도 안 되는 일이었다. 그녀와 사귈 때도 5일 동안 같이 있었던 적이 없었다. 제대로 된 여행도 같이 간 적이 없었는데 헤어지고 난 후에 우리는 로마로 여행을 가는 것이다. 순간 심장이 터질 듯 오싹했다.

오스트리아 남부로 갈수록 높은 산들이 보이기 시작했다. 알프스는 빨간 가을옷에 하얀 모자를 쓰고 있었고 곳곳에 반짝이는 호수들이 찬란했다.

기차가 연착해서 필라흐에 도착해 아슬하게 자그레브행 기타를 탔는데 다시 말도 안 되는 일이 벌어졌다. 화장실 변기 아래로 철길이 보였고 차량 좌석 시트는 닳고 닳아 사람들이 앉는 자리만 하얗게 색이 바래 있었다. 또한, 국경 열차임에도 대부분 좌석이 비어 적막하기까지 했다. 제2차 세계대전 때 달렸을 법한 기차가 국경을 지나고 있었다. 이건 너무 먼 과거로 가고 있는 것이 아닌가.

알프스 줄기가 뻗은 산악지대를 통과하기 위해 선로는 아슬한 사바강의 협곡을 택했다. 황톳빛 강물은 선로를 위협할 정도로 넘실거렸고 무서운 속도로 흐르고 있었다. 길고 짧은 터널을 통과할 때마다 키 큰 풀들로 채워진 넓은 초원이 있었는데 바람에 출렁이는 초원은 금방이라도 몇 채 되지 않는 빨간 지붕의 농가를 삼켜버릴 것 같았다.

류블랴나를 지난 기차는 크로아티아 국경을 넘었다. 기차는 한나절이나 크로아티아를 달렸지만 수십 년 전으로 타임머신을 타고 온 기분이 들었다. 부서져 방치된 집이 곳곳에 있었고 낡아 빛바랜 트럭과 시골 거리에는 온갖 것들이 어지럽게 쌓여 있었다. 가끔 보이는 사람들의 무표정한 얼굴은 우중충한 오후의 하늘처럼 침울했다. 낯선 항구에 갔을 때 어지럽게 널려진 그물과 어망 더미에 눈살을 찌푸리듯 조금은 우울하고 두려웠다.

두려움 반 설렘 반으로 자그레브 중앙역에 도착했다. 중앙역은 작고 낡았고 썰렁했다. 열악한 시설의 기차는 중앙역의 낡은 시설을 대변하고 있었다. 중앙역에서 나서자 회색빛 하늘에 차고 습한 공기가 옷깃을 파고들었다, 시내를 걷고 있었지만 인적이 거의 없었고, 거리 현수막에 인쇄된 빨간 고딕체 문구의 강렬함에 이방인이 된 듯 몸이 움츠려졌다.

금세 하늘은 어두컴컴해졌고 마침 안개까지 퍼지니 스산함을 주기에 충분했다. 동시에 상점들은 셔터를 내려 버렸다. 비가 오락가락했고 관광보다는 숙소를 찾는 것이 현명해 보였다.

숙소는 시내 외곽에 있었다. 30분 정도 부지런히 걸어 숙소 간판을 눈으로 확인하자 긴장이 풀렸고 이내 배고픔이 몰려왔다. 주변에 열려있는 음식점과 슈퍼가 하나도 없어 난감하던 찰나, 약간 떨어진 곳에 주유소 간판 하나가 눈에 들어왔다. 주유소엔 매점이 있었고 무언가를 살 수 있다는 기쁜 마음으로 매점으로 들어갔다.

가끔 상점을 보면 본능적으로 다시 나오는 경우가 있는데 이 매점이 그랬다. 오래된 낡은 나무 선반 위에 먼지가 쌓인 물건들은 팔리고 싶은 의지가 없어 보였다. 주인 할머니도 늦은 밤, 동양인의 방문에 경계의 눈빛을 보냈다. 그딴 건 무시해 버렸다. 배가 고팠기 때문이다. 짧게 'Hello'라고 인사한 뒤, 맛이 의심스러운 크로아티아 소시지와 오이피클, 과자 몇 봉지를 집어 들었다.

공손히 계산까지 마치고 숙소로 향했다.

숙소에 들어가니 크로아티아 중년 남성이 반갑게 맞아줬다. 먼 곳까지 찾아와주어서 고맙다며 따뜻한 커피까지 손수 타 주셨다. 배정된 방은 50유로가 전혀 아깝지 않을 정도로 예쁘고 넓은 방이었다. 추운 날씨를 생각해 미리 난방이 되어 있어 따뜻한 온기에 안정을 찾을 수 있었다. 그럼, 이런 게 여행이지. 여행은 어떤 식으로든 만족을 선사했다.

다음 날, 약간의 비가 내렸고 공기는 차가웠다. 시내 쪽으로 방향을 잡고 걷는데 숙소 근처 버스터미널과 트램 정류장에는 많은 사람으로 붐비고 있어 유령도시 같았던 어젯밤과는 사뭇 달랐다.

시내 외곽에서 중심부로 가까워질수록 도시는 활기를 띠어갔다. 도시에 가이드북을 들고 다니며 길을 찾는 여행객들, 관광버스에서 내리는 단체 관광객들도 볼 수 있었다. 그들과 섞여 가다 보니 자연스럽게 자그레브 중심의 반 옐라치치 광장이 나왔다. 지독한 습관은 다시 이젤을 펴게 했다.

반 옐라치치 광장은 17세기에 건설되었고 여러 건축 양식의 건물들이 광장을 감싸고 있었다. 자그레브에서는 건물 대부분이 짙은 갈색이었다. 쇠가 녹슬어 있는, 붉으면서도 짙은 갈색이었고 오랜 시간 스미고 배어있는 색채였다. 거기에 흐린 날씨까지 한몫해 그 짙은 갈색은 사람의 마음을 무겁게 했다. 그것이 마음에 들지 않았을까? 거리는 오색의 꽃들로 치장이 되어 있었지만, 건물에서 나오는 느낌을 씻어내기에는 뭔가 부족하다는 느낌이 들었다. 크로아티아의 잦았던 내전이 떠오른 것은 비약이었을까.

뒤돌아 쇼윈도에 비친 내 모습을 바라보았다. 나는 무슨 색을 띠고 있을

까. 파란색 셔츠를 입고 있으니 파란색일까. 알 수 없었다.

그림 그리기를 마치고 반 옐라치치 광장에서 돌아 나오는 길로 들어서자, 다시 이젤을 펼쳤다. 시선을 사로잡은 건 파란색 트램들이었다. 자그레브의 교통 시스템은 시내에서는 오직 트램만 다닐 수 있었다. 대부분의 트램 노선이 반 옐라치치 광장을 통과하게 되어 광장을 지나는 많은 트램들이 정체 현상을 보였다. 트램의 긴 행렬은 도심의 거리에 전철이 지나고 있다는 착각이 들게 했다.

그런데 그 트램들의 파란색이 도시의 짙은 갈색을 중화시키고 있었다. 파란색은 도시의 윤곽을 뚜렷하게 했고 사람들의 걸음을 팔랑이게 했다.

우리는 사랑에 빠진 사람들에게 흔히들 예뻐졌다고 한다. 그건 어두운 거리에 트램이 들어온 것처럼 예쁜 당신이 내 안에 들어왔기 때문이었다. 사랑은 안에 있을 때 더 빛이 난다. 이 거리는 딱 그만큼의 경관을 자랑하고 있었다.

어느새 시간은 점심때를 한참 지났고 먹거리 시장으로 향하게 했다. 지하에 있는 먹거리 시장은 초록색 벽에 침침한 백열등이 불을 밝히고 있었다. 지하상가에는 크로아티아 전통 음식부터 소시지나 빵을 파는 식당, 생활용품과 식자재를 파는 가게까지 다양한 상점이 입주해 있었다. 근처 회사에 다니는 직장인, 상인, 관광객들까지 다양한 사람들이 한 끼를 해결하고 있었다.

무엇을 먹을까 고민하다 한 상점에 드럼통이 가득한 가계가 눈에 들어왔는데 꽤 많은 사람으로 붐볐다. 무엇일까 궁금해 가봤더니 오이절임을 파는 가게였다. 엄지손가락 크기의 작은 오이와 각종 채소가 절여져 드럼통에 한가득 담겨 있었다. 숙소에서 먹을 생각으로 1유로만큼 줄 수 있냐고 묻자 턱이 돌출된 주인아저씨는 문제없다며 고개를 끄덕였다. 그리고 한 바가지를 퍼서 비닐봉지에 넣어 주었다. 엄청난 양에 난감했지만, 오이 하나를 입속에 넣으니 새콤달콤하고 아삭한 맛이 일품이었다. 문제 될 게 없을 것 같았다.

오이절임을 산 김에 치킨 한 마리와 살이 오른 생선튀김도 샀다. 그래도 예산이 남아 와인 한 병까지 가방에 욱여넣었다. 크로아티아 상인들의 인심에 완벽한 저녁을 차릴 수 있을 것 같아 행복했다.

반 옐라치치 광장의 북쪽으로 구시가지가 있었다. 구시가지 쪽으로 발길을 옮기니 많은 유적지와 관광지 그리고 많은 사람이 보였다.

오후 3시가 지나자 날은 어둑해졌고 비가 내리기 시작했다. 쏟아지는 비

에 사람들은 흩어졌고 미처 비를 피하지 못한 나는 옷이 흠뻑 젖어 버렸다. 그렇게 걷다 보니 두 개의 첨탑이 우뚝 솟은 자그레브 대성당과 마주쳤다. 유럽의 어느 도시든 도시를 대표하는 성당이 있다. 그리고 누구나 성당에 들어가는 것에 서슴없었다. 추위도 녹이고 잠시 쉬어 갈 겸 해서 성당 안으로 들어갔다. 의자에 앉으니 성당에서만 느낄 수 있는 평화로움과 소리의 울림이 마음을 보듬어주는 것 같았다.

다음 날 역시 날씨는 좋지 않았다. 부슬비가 내리고 있었다. 나는 최종 목적지인 전망대로 향했다. 반 옐라치치 광장의 북쪽 구시가지는 가파른 언덕 위에 있었는데 좁은 골목길을 걸어야 했다. 길은 크기와 모양이 제각각인 돌로 깔려있었고 아기자기하게 꾸며진 조그만 가게들이 발걸음을 멈추게 했다. 그리고 잠시 빗방울이 굵어졌다.

동그란 원형의 성문을 통과해야 했는데 비가 오는 와중에도 많은 사람이 이 문에 모여 있었다. 성문에는 종교와 관련되어 보이는 여러 조각상이 있었는데 사람들은 촛불을 켜서 문 앞에 두고 저마다의 소원을 빌었다. 얼마나 많은 소원을 빌었는지 성문 바닥에는 불타오르는 수백 개의 초와 흘러내린 촛농으로 화산 분화구를 이뤘다.

부지런히 걸어 전망대에 도착했다. 비는 이미 폭우로 변해 있었다. 우산이 없어 전망대에 있는 화장실 앞에서 비를 피했다. 떨어져 부서지는 빗방울은 그림을 그리려는 열망을 꺼버리고 있었다. 그곳에서 본 자그레브 시내의 모습도 생각했던 것보다 아름답지 않았다. 구시가지는 신시가지의 현대식 건물에 포위돼 있었고, 빨간 지붕 사이사이에 삐쭉삐쭉 솟아있는 현대식 건물은 사람의 관계를 파괴하는 냉혹한 현실처럼 송곳 같아 보였다.

마침 비가 그쳤고 흐트러진 마음을 다잡고 그림 그릴 준비를 했다. 언제 비가 올지 몰랐기에 모든 것을 그릴 수는 없었다. 나는 신시가지를 지우고 그곳에 바다와 섬을 그려 넣었다. 그리고 구시가지 곳곳에 솟아있는 현대식 건물을 하나하나 뽑아 한곳에 모아 놓았다. 현실이라는 송곳을 한곳에 모아 놓으면 그것은 꿈을 꿀 수 있는 세상이 될 수도 있었다. 현실은 충분히 극복 가능하다. 우리는 자신의 미래 가능성을 지극히 경시했던 게 아닐까.

류블랴나

동유럽 늦가을의 새벽, 어둠이 짙게 깔려 있었다. 슬로베니아로 넘어가는 기차를 타기 위해 아침 일찍 숙소를 나섰다. 더는 사용할 일이 없을 크로아티아 동전과 지폐를 탈탈 털어 빵과 커피를 샀다. 7시가 돼서야 기차가 덜컹거리며 이내 미끄러지듯 나아갔다. 창문에 서려 있는 뿌연 김 뒤로 자그레브는 아직도 비가 내리고 있었다.

기차는 슬로베니아를 향해 달렸고 이내 날이 밝았다. 뿌옇던 창문이 투명해졌고, 볼에 따스한 볕이 와닿았다. 기차 안에 사람들도 안정되면서 나른한 표정으로 볕을 쬐었다. 빛은 암울했던 크로아티아의 시골 풍경까지도 처음 본 것처럼 새롭게 만들었다.

기차는 류블랴나에 도착했다. 중앙역에서 내리자마자 이틀 후 이탈리아로 가는 기차 티켓을 예약하러 창구로 갔다. 창구에 가서 짧은 영어로 이탈리아로 가는 티켓을 예약하고 싶다고 말했다. 그러자 올림머리를 한 예쁜 여성 직원이 아쉬워하는 표정을 지었다. 이곳에서는 이탈리아로 가는 표를 끊을 수 없으니 오스트리아로 넘어가서 이탈리아로 가는 표를 사라고 했다. 그녀는 필라흐로 가는 티켓을 예약해 줘도 되냐며 친절하게 안내했다.

발권을 마치고 중앙역에서 나와 예약한 숙소가 있는 시내 쪽으로 걸었다. 따사로운 햇볕에 봄인 것처럼 발걸음이 가벼웠다. 아직 오전이라 숙소 체크인은 어렵지만 짐이라도 맡겨놓고 싶어 중앙역에서 5분 거리의 숙소를 먼저 찾았다. 호텔 로비에 들어서니 체크아웃을 하려는 사람과 조식을 챙겨 먹는 사람들로 붐볐다. 카운터에는 직원 혼자서 많은 업무를 하느라 눈코 뜰 새 없이 바빠 보였다. 살며시 다가가 가방을 맡길 수 없냐고 묻자 그녀는 흔쾌히 가능하다며 가방을 받아 주었다. 덧붙여 바쁜 와중에도 류블랴나에 대해 간단한 설명도 해 주었다. 류블랴나는 작지만 아름다운 도시라고. 산과 강이 있고 강 위에는 아름다운 다리들이 있다고. 혹시 류블랴나 여행이 지루해진다면 세계 음식문화 축제를 하고 있으니 방문해 보라고 안내까지 했다.

중앙역에서 구시가지 방향으로 걷다 보니 시내를 관통하는 류블랴니차 강을 만났다. 강의 폭은 좁았지만 많은 양의 물이 흐르고 있었고 운하 형식으로 재방 또한 깔끔했다. 그 강에 여러 개의 다리가 있었는데 앞에 있는 건 용의 다리라는 이름을 가진 다리였다. 다리 입구 양옆으로 청동으로 만든 1미터 남짓의 용의 동상이 있었는데 도시의 수호신 같은 위엄을 풍기고 있었다. 동양의 전유물 정도로 알았던 용을 지구 반대편의 낯선 도시에서 보게 되니 뭔가 모를 유대감이 생긴 것 같았다.

강을 끼고 가을의 색으로 물든 굵직한 가로수들이 서 있었고 어김없이 카페와 레스토랑이 줄지어 있었다. 시원한 바람과 햇볕이 내리쬐는 노천에는 제법 많은 사람이 차를 마시고 있었다. 그들의 차에는 따사로움과 여유가 녹아 있었다.

구시가지는 4~5층 높이의 오래된 건물에 1층을 레스토랑과 각종 기념품 상점들로 쓰고 있었다. 사람들은 한 가게에 편중되지 않고 두루 흩어져 있어 복잡하지 않았다. 흔히 볼 수 있는 풍경이었지만 류블랴나는 다른 느낌

이었다. 도시에 커다란 건축물이 없어서였는지 유럽 어느 도시에서도 볼 수 없는 나지막한 산들이 둘러싸인 지형 때문이었는지 알 수 없었다. 나는 그 자리에서 이젤을 폈다.

그림을 그리는 내내 특별한 것을 찾지 못했다. 일반적이라 할 수 있는 건물과 평범한 사람들, 그리고 기분 좋은 가을 날씨. 이것이 전부였다. 그리고 나는 이런 일반적인 것들을 느껴본 지가 꽤 오래되었다. 누군가에게는 넘치는 일상이지만 누군가에게 추억일 수도 있었다.

그림 그리기 좋은 날이었지만 오늘은 남들처럼 일상을 즐기고 싶었다. 천천히 시내를 걷다가 산이 나왔고 산으로 향해 걸었다. 전날에 비가 왔는지 숲은 습기를 머금고 있었고, 그 눅눅한 공기는 숲의 내음을 담고 있어서 더욱 상쾌했다. 완만한 등산로라 얼마 가지 않아 정상에 다다랐다. 산 정상에는 소박한 고성이 있었고, 등반 열차를 타고 올라온 사람들도 있었다. 고성

에서는 류블랴나 시내를 한눈에 볼 수 있었다. 구시가지를 감싸고 흐르는 강줄기와 빨간 지붕의 집들이 조화를 이루고 있었다.

구시가지 외곽 광장으로 내려왔는데 마침 장이 서 있었다. 넓은 광장에 과일, 채소 등의 식료품부터 각종 생활용품과 꽃을 팔고 있었다. 시골 5일장처럼 손님과 상인들의 흥정 소리로 왁자지껄했다.

시장 바로 뒤로 커다란 현수막에 세계 음식문화 축제라는 영문이 쓰여있었다. 역시나 먹거리 축제에는 많은 사람이 몰렸다. 30여 개 부스가 있었는데 부스마다 서너 명이 한 조가 되어 각 나라의 전통음식을 만들어 팔고 있었다. 한국 부스는 보이지 않는 반면 일본과 중국 부스에 줄이 길게 늘어선 것에 약간의 아쉬움이 있었다. 다양한 나라의 음식을 구경하다 이탈리아 부스에서 알리오 올리오 파스타를 주문했다.

올리브 향의 풍미가 가득한 파스타가 나오자 그것을 들고 다른 사람들처럼 계단에 앉아 소박한 식사를 즐겼다. 비록 널찍하고 하얀 접시에 플레이팅된 파스타는 아니었지만, 오늘만큼은 미슐랭 별 이상의 점수를 주고 싶었다.

아침부터 시작된 류블랴나 탐험은 오후 늦게 끝이 났다. 아침에 본 숙소 직원은 오늘 여행이 어땠냐며 환한 미소를 지었다. 나는 평범했다고, 그 평범함이 좋았다고 말하고 싶었다.

다음 날, 침대의 포근함에 느지막이 일어났다. 서둘러 조식을 먹으러 내려가는데 창밖엔 비가 내리고 있었다. 언제나 맑을 것만 같았던 류블랴나에도 비는 내렸다. 식사를 마친 후 숙소에 돌아온 나는 긴 여행에 피로가 몰려왔고 침대에 누워 창밖을 바라보는 것도 좋을 것 같았다. 그래도 오늘이 마지막인

데, 하는 생각에 우산을 들고 밖으로 나갔다. 대신 화구를 휴대하지는 않았다.

프레셰렌 광장 앞 류블랴나의 중심인 트리플 브리지와 마주쳤다. 오늘은 신도심과 구도심을 연결하는 여러 다리를 위주로 걷는 것이 좋을 것 같았다. 트리플 브리지는 그리 화려하지 않았지만 3개의 다리로 이루어져 독특했다. 중앙의 다리에는 차가 지나가고 양옆의 두 다리는 인도로 쓰였다. 마치 류블랴나에서는 약속 장소를 다리 위로 잡는 것처럼 거기에는 많은 사람이 있었는데 유독 트리플 다리와 용의 다리에 사람이 몰렸다.

트리플 다리를 건너 강을 따라 걸었다. 비는 그쳤고 우산을 접었다. 트리플 다리와 용의 다리 사이에는 푸줏간 다리가 있는데 다른 다리에 비해서 현대적인 디자인이었다. 바닥은 투명 유리로 되어있고 난간에는 수많은 자물쇠가 정렬되어 있었다. 각양각색의 자물쇠들이 일렬로 걸려 있는 것이 보기 좋아 자물쇠를 훑어보았다. 자물쇠에 쓰인 언어는 대부분 읽을 수 없었지만, 영어와 독일어도 만만치 않게 보였다. 언어와 상관없이 사랑을 맹세하는 내용일 것이다.

자물쇠의 내용을 흥미롭게 읽고 있을 때 한 여성이 자전거를 끌고 반려견과 함께 다리에 멈춰 섰다. 그리고 가방을 열고는 바이올린을 꺼내 연주하기 시작했다. 상당한 실력이었고 바이올린의 아름다운 선율이 급속도로 퍼져나갔다. 나는 거리 악사에게 단번에 감정이입돼 버렸고 시큼한 내음처럼 갈증이 치밀었다. 거리 악사는 나의 연인과 많이 닮아 있었다. 계란형의 턱선과 하얀 피부, 조금은 풍만해 보이는 허리선까지 말이다.

나의 연인도 바이올린을 전공했고 나는 그녀가 바이올린 켜는 것을 무척이나 좋아했다.

나는 한동안 멍하니 그곳에 있었다. 그러다 그림이 그리고 싶어졌다. 하필 이럴 때 화구가 없다는 것에 화가 났다. 숙소까지는 10분이면 갔다 올 수 있는 거리였다.

화구를 가져왔을 때도 다행히 그녀는 연주를 계속하고 있었다. 그러나 이젤을 펴는 사이 바이올린 소리는 멈춰 버렸다. 이건 아니다 싶어 거리 악사에게로 다가가 바이올린 케이스에 지폐를 넣으며 한 곡만 더 들려줄 수 있냐고 부탁했다. 그녀는 옅은 미소를 띠며 "당신이 원하신다면."이라고 짧게 말했다. 나는 서둘러 그녀의 모습을 스케치해야 했다.

얼마 지나지 않아 젊은 남자가 화첩으로 걸어 들어왔다. 연인 사이로 보이는 그들은 함께 정리하고 그 자리에서 한동안 얘기를 주고받았다. 오늘의 일을 허심탄회하게 말하는 평범한 일이었겠지만, 그 모습이 내겐 완벽해 보였다. 그토록 그리던 일상의 모습이었다.

나는 내일 그녀를 만나러 간다.

로마

"나는 로마에 가고 있어요."

하얀 곱슬머리의 아주머니에게 말했다. 맞은편 좌석에 앉은 아주머니는 살짝 고개를 끄덕였고 읽던 책으로 다시 시선을 옮겼다. 필라흐에서 출발한 기차는 이탈리아 국경을 향하고 있었다. 남쪽으로 갈수록 나무로 빽빽하던 숲은 돌산으로 변해 있었고, 덩치 큰 활엽수는 작고 메마른 나무들로 변해 갔다. 우리는 다시 눈이 마주쳤고 나는 그녀에게 말했다.

"나는 로마에 가고 있어요."

우리는 가끔 눈이 마주쳤고 정숙해 보이는 아주머니에게 할 수 있는 말은 제한되어 있었다. 기차에 있는 동안 몇 번이고 그녀와 눈을 마주쳤고 그때마다 나도 모르게 그 말이 튀어나왔다.

이탈리아 국경에 다가서자 기차는 멈춰 섰고 한 남자가 노크 없이 문을 세게 열고 들어왔다.

"Pass Please!"

승무원은 화끈한 목소리에 여권을 꺼내 들었고 여권을 확인한 승무원에게 아주머니가 귓속말을 하고 있었다. 곧이어 경찰이 들이닥쳤고 누가 또 끌려 나가겠거니 하는 찰나. 경찰은 나에게 자리에서 일어나라고 말했다. 너무 당황스러워 경찰에게 말했다.

"나는 로마에 가고 있어요,"

어안이 벙벙했고 나는 나의 짐과 함께 기차 밖으로 끌려 나가야 했다. 여권, 비자, 학생증 나의 신분을 증명할 수 있는 모든 것을 꺼내야 했다. 방문 목적을 말해야 했고 캐리어의 모든 짐을 꺼내야 했다. 눈물이 날 것 같았고 불안함에 몸을 추스를 수 없었다.

모든 검사가 끝나고서야 경찰은 다시 기차에 타도 된다고 말했다. 후들거리는 다리를 끌고 좌석으로 돌아갔을 때 하얀 곱슬머리의 아주머니는 자리에 없었다.

산지로 둘러싸인 북부 이탈리아를 지난 기차는 곧 베네치아 전 역, 메스트레역에 도착했다. 메스트레 역 밖에서 비둘기를 구경하고 있으니 내가 타야 할 로마행 기차가 역 안으로 들어왔다. 내 좌석 맞은편에 멋진 여성이 탔지만 나는 끝까지 어금니를 꽉 깨물고 있었다. 기차가 로마에 도착했고 어느덧 해는 저물어 있었다.

중앙역을 나서자 후덥지근한 공기가 코를 뚫고 들어왔다. 동시에 펼쳐진 로마는 왜 로마가 세계적인 관광도시인지 보여주고 있었다. 광장의 엄청난 인파는 거리로 빠져나가려 정체를 이뤘고 좁은 거리에는 쏟아져 나온 사람들이 줄을 서서 걷고 있었다. 세상 어느 곳이 도시 전체에 사람들로 줄을 세울 수 있을까. 로마에 가면 로마의 법을 따르라. 로마의 거리는 인간들로 범람하고 있었다.

숙소로 가기 위해 지하철을 타야 했다. 로마의 지하철은 여러분이 생각하는 그대로라고 하자. 해당 역에서 내려 낯선 골목길을 천천히 걸으며 예약한 숙소로 찾았다. 숙소는 커다란 방에 벽에는 커다란 십자가가 걸려 있었고 침대가 놓여있는 단순한 구조의 방이었다. 긴장이 풀리니 허기가 몰려왔고 숙소를 찾을 때 발견한 마트를 떠올렸다. 숙소는 외진 곳이지만 혹시 모를 방문이 있을 수 있지 않을까 하는 생각에 냉장고를 가득 채울 만큼 장을 봤다.

숙소에 돌아와 냉장고를 채우고 이미 정돈된 숙소의 소품과 짐들을 다시 정돈했다. 다른 종류의 피자 2조각으로 저녁을 해결한 후 노트북을 켜기 위해 콘센트에 코드를 꽂으려는데 코드와 콘센트가 어긋나 맞지 않았다. 어쩔 수 없이 로비로 노트북을 들고 나가 코드 모양을 카운터 직원에게 보여주며 슬픈 표정을 지어 보이니 직원은 망설임 없이 서랍에서 어댑터를 꺼내 줬다. 감사의 인사를 하고 다시 돌아와 노트북의 코드에 어댑터를 끼우고 콘센트의 홈에 댔다. 어긋남 없이 정확히 정렬하고 있었다. 그녀와 만나기 전 마지막 의식을 치르는 것 같았다.

다음 날 오전 10시에 숙소를 나섰다. 드디어 로마와 그녀와 만나게 되는 것이었다. 저녁과 다르게 쌀쌀한 아침 공기가 목덜미와 팔에 소름을 돋게 했다. 그 기분이 상쾌했고 트레비 분수를 향해 걸었다.

로마를 떠나서 이탈리아 특유의 노란 계열의 색으로 통일성 있게 칠해진 주택가 사이를 걸었다. 그 사이사이 유적들이 있었고 로마 자체가 커다란 박물관이라 해도 무방했다. 4, 5층 건물의 창문에는 강렬한 햇볕을 가리기 위한 초록색 나무 재질의 가림막들이 매달려 있었고 그 아래 전선이나 빨랫줄에는 천들이 널려져 나풀거렸다. 주택가를 지나자 곧 사람들의 파도가 시작됐고 그 파도는 나를 트레비 분수로 떠밀었다.

하얀 대리석의 화려한 조각상과 하늘색 깨끗한 물이 흐르는 트레비 분수는 하늘나라의 것을 그대로 옮겨 온 것 같았다. 놀란 입이 다물어지지 않았고 이 작품 하나만으로도 로마에 갈 충분한 가치가 있어 보였다.

운 좋게 분수 난간에 앉을 수 있었고 사람들은 분수를 향해 어깨 너머로 동전을 던지거나 사진을 찍고 있었다. 약속 시각 30분 전이었고, 마냥 앉아 있기 뭐 해서 동전을 꺼내 분수로 동전을 던졌다. 첫 번째 동전을 분수로 던지면 로마에 다시 방문할 수 있고 두 번째 동전을 던지면 소원이 이루어진다는 속설이 있기 때문이었다. 두 번째 동전을 던지려는데 반가운 목소리가 들렸다.

"백 원 있냐?"

내가 만나야 할 일행들이었다. 뭐 이렇게 반가울 수 있을까, 그들도 약속 시간보다 30분 일찍 왔다. 나는 인사를 하면서도 눈은 그녀를 찾고 있었다.

"뭘 그렇게 찾아? ○○ 여기 있잖아."

나는 순간 고개를 갸웃거렸다. 그 사람은 내가 알고 있는 그녀와 달랐다. 머릿속에서 끝도 없이 생각났던 그녀는 항상 같은 모습을 하고 있었지만, 현실에서의 시간은 흘렀다. 그녀는 내가 사랑했던 연인이라기보다는 세상에서 그녀와 가장 닮은 사람이라는 생각이 스쳤다.

그녀가 내 이름을 불러 주기 전까지는 말이다. 그녀가 내가 알고 있는 그녀라는 것을 알았을 때 내 마음에 세차게 물이 채워지고 있었다. 어느 시인은 내 마음은 호수라고 말했던가. 갈증 따위는 완벽하게 사라져 버렸다.

시차 때문에 피곤할 만도 한데 시간이 아깝다는 그들은 콜로세움에 가자고 했다. 콜로세움은 로마 시내에서 약간 벗어난 곳에 있어 보통 지하철을 이용하지만 걸어도 한 시간 이내이고 로마 시내 모든 것들이 볼거리였기에 걸어가기로 했다.

그녀는 가죽 재킷에 타이트한 바지를 입었는데 독일 친구의 말대로라면 그녀의 옷차림은 나의 접근을 원하지 않는다는 뜻이었다. 어투나 행동이 새침하기도 했다. 같이 온 일행 중 3명은 내 친구이기도 했는데 한 친구는 그녀가 만나는 남자가 있다고 귀띔해 주었다. 마음의 호수에 물이 반쯤은 빠져버린 것 같았다.

로마 시내에는 도심의 중추, 왕복 사차선 도로인 코르소 거리가 뻗어있었는데 수많은 관광객과 자동차, 버스들이 얽혀 도로는 마비되었다. 코르소 거리로 나오니 명품 샵들이 즐비했다. 계속 남쪽으로 걸어가니 넓은 로터리가 나왔고 많은 자동차가 로터리를 돌며 갈라졌다. 그곳은 '로마의 배꼽'이라 불리는 베네치아 광장이었다.

광장 정면에 있는 백색의 웅장한 대리석 건물은 현재 통일 기념박물관으로 쓰였다. 베네치아 광장은 사람이 아닌 자동차를 위한 광장이었다. 게다가 버스터미널이 옆에 있어 그야말로 교통지옥이었다. 횡단보도를 서너 개쯤 건너서야 콜로세움으로 가는 인도에 발을 디딜 수 있었다.

베네치아 광장부터 콜로세움까지는 고대 유적지인 포로 로마노가 있었는데, 대부분 부서져 원형을 알 수 없었지만 언뜻 봐도 고대의 웅장함을 숨길 수 없었다. 콜로세움까지는 사람들이 편히 걸어 다닐 수 있도록 넓게 길을 내놓았고, 그 거리는 거리 예술가들의 것이었다. 우리는 그들의 공연에 매료되어 콜로세움으로 가는 것을 까맣게 잊은 채 한참이나 넋을 놓고 있었다.

멀리 낯익은 형체의 건물이 보이기 시작했다. 심장이 두근거렸고 우리는 환호하며 서로를 쳐다봤다. 로마에서도 가장 보고 싶었던 콜로세움이 눈앞에 나타났다. 햇빛에 반사된 콜로세움은 노랗게 빛나고 있었고 세월의 흐름 속에 부서져 있는 부분까지 신비롭게 느껴졌다.

매표소 앞에 끝이 보이지 않는 줄이 콜로세움의 명성을 증명해 주고 있었다. 파리의 루브르나 오르세 박물관 말고는 유럽 어디서도 줄을 선 적이 없는데 콜로세움의 줄은 족히 3, 4시간은 기다려야 할 것 같았다. 더 신기한 것은 줄을 서는 것에 대해 누구도 불만이 없었다. 로마에 가면 로마의 법을 따르라.

우리는 많은 이야기를 했다. 그녀는 회사와 연봉, 남자친구, 집, 식당 등에 관해 얘기했는데 가난한 유학생과는 생활 수준에 너무 큰 차이가 있었다. 그래서 나는 자유에 관해 이야기했다. 파리를 6번 갔고, 프라하를 5번 갔으며, 그리스와 노르웨이의 차이를 말했고, 아직 가고 싶은 곳이 너무 많다고 말했다. 그러던 중 그녀의 날 선 목소리가 들려왔다.

"그래서 행복해? 말해봐. 행복하냐고?"

우스운 질문에 나는 이제 그림을 그려야 한다고 했다.

콜로세움의 줄에서 멀찌감치 이탈해 콜로세움을 그렸다. 콜로세움은 가장 전투적인 건물이지만 가장 방어적인 건물이기도 했다. 강해 보이지만 연약할 수도 있었다.

드디어 구매한 입장권은 콜로세움, 포로 로마노, 팔라티노 언덕 세 곳을 다 돌아볼 수 있는 표였다. 콜로세움 입구는 철장으로 막혀 있었고 그곳에는 건장한 체격의 보안 요원들이 입장객 한 명 한 명 소지품을 검사했다. 1층 입구에서 들어가자마자 원형의 거대한 돌 건축물이 펼쳐졌다. 생각보다 거대한 내부 모습에 입이 다물어지지 않았다. 2천 년 전에 쌓아 올려진 돌 위를 걷고, 그 돌을 만지고, 그 공간에서 서로 간에 숨을 교환한다는 것, 거대함 속의 안락함이었다.

콜로세움 가장 위쪽, 건물 5층 정도는 돼 보이는 높이에서 내려다본 원형경기장 콜로세움의 모습은 마치 앙상하게 뼈만 남은 거대한 고래의 모습처럼 보였다. 흙이 깔려있어야 할 운동장은 뜯겨나갔고 지하의 조그만 칸막이 방들이 그대로 드러나 있어 미로를 연상하게 했다. 힘들게 콜로세움 안으로 들어온 만큼 천천히 구석구석을 돌아보았다.

콜로세움에서 나와 포로 로마노로 향했다. 포로 로마노는 기원전 6세기에 세워진 고대 로마인의 신전과 공회당 같은 공공기구가 밀집된 지역이었다. 물론 지금은 무너져버렸지만 말이다. 포로 로마노에서 가장 높은 언덕에 올랐다. 언덕에서 내려다본 포로 로마노는 곳곳에 세워진 돌기둥과 깨진 석상들이 당시의 거대한 규모와 화려함을 상상하게 했다. 비록 형상은 무너졌지만 아쉽지 않았다. 그것들이 없다고 하여 로마가 아름답지 않은가? 또한, 그것들이 없었다면 로마는 이처럼 아름답게 탄생할 수 없었을 것이다.

그녀와 나는 일행의 끝에서 끝에 서 있었다. 보이는 것처럼 우리의 사랑의 형상은 완전히 무너졌다. 그렇다고 그것이 사랑이 무너졌다는 의미는 아니었다. 포로 로마노에 경의를 표했다.

포로 로마노 언덕 반대편으로 좀 걸어가면 진실의 입이 있었다. 진실의 입에 손 한 번쯤은 넣어봐야 한다는 다수의 의견에 진실의 입이 있는 곳으로 향했다. 멀리 교회 하나가 보였는데 끝도 없는 긴 줄이 있는 것으로 봐서는 저곳이 진실의 입인 것 같았다. 줄을 서기에 우린 너무 배가 고팠고 날은 어두워져 가고 있었다. 멀리서나마 진실의 입을 확인하고 발걸음을 돌려 시내로 향했다.

다음 날 새벽, 잠에서 깨자 문득 이런 생각이 떠올랐다. 설마 이곳이 로마일까? 그녀의 꿈을 꿨는데 너무 좋았다. 다시 만날 수 있을까.

전등을 켰을 때 이곳이 베이스캠프가 아니라는 것을 알 수 있었다. 갑자기 극심한 갈증이 밀려왔다. 그녀와 만나기까지는 5시간이나 남아 있었고 그때부터는 시간과 전쟁을 치러야 했다.

뒤늦게 그들에게 연락이 왔고 모두 피곤해하니 오후에 만나자는 얘기였다. 더는 참을 수 없어 먼저 숙소에서 나갔다.

버스에 승차해 로마 북쪽 끝에 위치한 포폴로 광장으로 향했다. 버스에 앉아 멍하니 밖을 바라보고 있는데 누군가 버스의 창문을 분무기와 와이퍼, 수건을 번갈아 가며 닦고 있었다. 창문이 깨끗해져 기분이 좋았지만, 창문을 닦는 이들의 표정이 예민해 보였다. 그들은 집시였다. 차들이 도로에 멈춰 섰을 때 집시들은 무작정 자동차 유리를 닦고 돈을 요구하고 있었다.

하지만 버스 기사는 아랑곳하지 않고 창문을 닫은 채 눈길도 주지 않았다. 집시들은 몇 마디 욕으로 분을 삭이고 또 다른 차에 가서 유리를 닦기 시작했다. 누군가는 동전 몇 개를 주었고, 집시는 하얀 이를 드러내며 웃어 보였다.

그들은 로마에 어울리지 않게 어두웠다. 옷차림이나 표정, 뒷모습이 어두워 보였다. 파리에서 열쇠고리를 팔던 흑인이나 거리를 가득 메운 거리 예술가들과 달랐다. 집시들의 표정에는 미소가 없었고, 고개와 시선과 어깨가 아래를 향하고 있었다. 당당한 그들의 행동과 너무 대조적인 풍경이었다.

약 15분 뒤 포폴로 광장에 도착했다. 이탈리아어로 '민중의 광장'을 뜻하며 로마의 입구라 불리는 포폴로 광장은 너무 당당했다. 광장의 중앙에는 높이가 30미터 이상이 되어 보이는 탑, 오벨리스크가 서 있었다. 오벨리스크는 고대 이집트 왕가 무덤의 비석을 로마가 약탈해 온 것이었다. 민중과 입구라는 상징의 중앙에 무덤과 약탈의 상징인 오벨리스크는 첨예하면서도 대범했다.

포폴로 광장에서 시선을 사로잡은 또 다른 것은 로마로 들어가는 세 갈래 길이 나뉘는 곳에 세워진 두 개의 성당이었다. 나는 오벨리스크 아래서 성당을 향해 이젤을 폈다.

쌍둥이처럼 꼭 닮은 성당은 넓은 반석에 조그만 공감도 남기지 않고 반석을 꽉 채워 웅장하게 솟아 있었다. 두 개의 성당은 사랑하는 남녀가 만나 성장할 수 있는 이상적인 모습으로 보였다. 넓은 사랑의 반석을 꽉 채우고 싶은 마음이 누구라고 없을까. 그러나 도달할 수 있는 사람은 지극히 적을 것

이다. 그것은 욕심일 수 있었다. 사랑의 반석을 모두 채우려다 평생을 지붕 없이 사는 것보다 작은 집이라도 짓는 것은 어떤가.

그림 그리기가 끝나갈 때 그들이 왔다. 그들 사이에 그녀가 있었고 나는 그녀만 남기고 모두 치워버리고 싶었다. 욕심이었다.

포폴로 광장은 북쪽의 관문이며 거대한 자동차 로터리였다. 광장에서 직진하면 코르소 거리로 베네치아 광장이 나왔다. 왼쪽의 부부이노 거리로 직진하면 나보나 광장이 나오고, 오른쪽 리페타 거리로 직진하면 스페인 광장이 나온다. 우리는 세 개의 길 중 가장 오른쪽에 있는 길로 걸었고 갈림길에서 다시 오른쪽으로 걸어 테베레강과 만났다.

테베레강을 따라 제방이 높게 쌓여 있었고 그 옆으로는 잎이 풍성한 플라

타너스 가로수들이 서 있었다. 가로수 아래에는 각종 기념품을 파는 노점과 붓집장수, 로마의 뜨거운 날씨 때문인지 음료수와 생수를 팔고 있는 간이매점이 즐비했다. 그것들이 흥미로웠는지 친구들은 자기 취향에 맞는 노점으로 흩어졌다.

나는 그녀가 있는 노점으로 다가갔다. 거리에는 많은 사람들로 번잡해서 그녀에게 밀착했다. 로마에서 이토록 그녀 옆에 가까이 있었던 적이 없었다. 그녀의 온도, 체취는 예전 그대로였다. 그녀가 나를 바라봤다.

"이 붓 좋은 거야?"

그 노점은 미술용품을 파는 노점이었다.

"어, 좋은 거야."

"네가 로마로 와준 것이 고마워서 친구들끼리 선물 사주기로 했거든."

솔직히 그 순간 선물 따위에는 관심이 가지 않았다. 그녀의 하얀 볼과 턱, 입술의 앙증맞은 움직임이 나를 설레게 했다. 속눈썹과 머리카락 한 올 한 올이, 하얀 티셔츠에 숨겨진 어깨와 가슴선마저도. 단지 가까이서 그녀를 바라보는 것만으로 벅찬 감동을 느꼈다.

"아직도 세상에서 네가 제일 예뻐."

"눈물 나게 하지 마라."

그녀는 웃어넘기며 내게 유화 붓과 수채화 붓 세트를 건네주었다. 나는 주로 17호 붓을 사용해 세트까지는 필요 없었지만 고맙다고 받았다.

제방을 건넌 우리는 다시 시내 중심가로 향했고 시내 중심부로 들어갈수록 사람들이 인산인해를 이루고 있었다. 길은 명품 매장 밀집 지역으로 수많은 사람으로 북적였다. 우리들은 몇 번이고 매장 앞에서 망설이다가 스페인 광장에 도착하게 됐다.

스페인 광장은 로마의 다른 광장과는 다르게 언덕 아래에 있었다. 언덕 꼭대기까지 계단으로 만들어져 마치 거대한 노천극장을 연상시키기도 했다. 관중석 같은 계단에는 이미 많은 사람으로 빼곡히 메워졌지만, 아래의 넓은 광장에는 조그만 분수 하나가 전부였다. 물론 광장에도 많은 사람이 있었지만 정작 공연은 관중석에서 일어났다. 〈로마의 휴일〉의 오드리 헵번처럼 젤라토를 들고 있는 연인들은 수시로 애정행각을 하고 있었다.

나는 5유로짜리 젤라토를 사서 선물에 대한 답례라며 그들에게 나눠줬다. 우리는 계단에 앉아 젤라토를 먹었다. 내 옆에는 로마에서 처음 알게 된 친구가 있었는데 무테안경이 잘 어울리는 친구였다. 그 친구가 내게 말했다.

"이게 선물이야? 먹어 없어지는 건 선물이 아니야."

친구의 말투는 새침했지만, 젤라토의 달콤함에 눈가의 미소까지 숨길 수는 없었다.

"내가 선물 고르는 재능이 없어."

"선물 받을 때 기분이 좋지? 그건 상대방이 그만큼 고민하고 준비했다는 뜻이야."

사실 내 주머니에는 독일에서 가져온 반지가 있었다. 그녀에게 주려 했는데 그녀의 손가락에는 내가 준비한 반지보다 훨씬 화려한 반지가 끼워져 있었다. 명품 가방을 선택하지 못한 게 후회스러웠다. 주변에는 여전히 연인들이 애정행각을 하고 있었고 친구가 다시 내게 말했다.

"키스 받고 싶어? 제대로 된 선물을 준비하면 내가 키스해 줄게."

농담일지 모를 친구의 말에 당황스러웠고 친구들은 웃으며 웅성거렸다.

그녀는 끝에서 표정 없이 이쪽을 바라봤다. 나는 주머니 속의 애먼 반지를 만지작거렸다.

다음 날, 이른 아침 우리는 바티칸을 향해 걸었다. 얼마 지나지 않아 바티칸으로 보이는 거대한 성벽이 눈에 들어왔다. 성벽을 따라 천천히 걷자 커다란 도로가 나왔고 멀리 엄청난 군중이 눈에 들어왔다.

광장에 모인 사람들은 각양각색이었다. 자신의 나라 국기를 들고 온 사람들, 동성연애 합법을 요구하는 무지개 깃발을 들고 있는 단체와 무언가를 요구하는 각종 글귀가 쓰인 팻말과 현수막을 들고 있는 사람들, 아무것도 모르고 지나가다 보면 시위 현장처럼 보일 정도였다.

우리는 성 베드로 성당에 오를 계획이었다. 오늘은 일요일이었고 일요일마다 교황의 미사가 있었다. 미사를 들으러 온 인파와 성 베드로 성당에 들어가려는 인파가 뒤섞여 어느 것이 줄인지 분간할 수 없었다. 그저 줄일 것이라 예상되는 곳에 섰을 뿐이었다. 수시로 사람들과 어깨를 부딪쳐야 했고 그 상황이 짜증 났던지 한 친구가 나에게 말했다.

"복잡하니까 너는 가서 그림이나 그려."

나는 별로 그림을 그리고 싶은 마음이 없었고 뭔가 아쉬움이 있었지만, 다행이다 싶었다. 나는 광장 밖까지 나와 그림 그릴 준비를 했다.

바티칸의 거대한 원형 광장 가운데에는 대성당이 있었다. 좌우로는 교황과 교황청 사람들이 거주하는 건물들로 빙 둘러싸여 있었다. 모든 건물에 창문이 닫혀 있었지만 약 7층 높이에 창문 하나가 활짝 열려 있었고 창문 앞에 카펫 같은 천을 걸어 놓았다.

12시 정각, 유일하게 열린 창문에서 프란치스코 교황이 나타났다. 광장에 모인 수만 명의 사람들은 환호하며 반겼고 교황도 군중에게 손을 흔들며 답

해 줬다. 교황은 자신이 준비한 연설을 약 10분간 읽어 나갔으며 모여 있는 군중은 교황의 한마디 한마디를 놓치지 않으려 귀 기울였고 환호했다.

교황의 말을 전부 알아들을 수는 없었지만, 그의 목소리에서 인품이 느껴졌고 평화와 사랑 그리고 용서의 메시지를 전한다는 것을 느낄 수 있었다.

교황의 연설이 끝나자 수만 명의 사람은 썰물 빠지듯 순식간에 빠져나갔다. 나는 이젤을 접고 친구들에게로 갔다. 줄은 한층 한산해졌지만, 사람들 사이로 끼어드는 것이 못내 민망했다. 날 선 그들의 표정이 절대 용서는 없다고 말하고 있었기 때문이다.

긴 줄을 기다려 금속 검색대를 통과하고 가방 속 소지품 검사를 마친 후에야 성당으로 들어갈 수 있었다. 성당의 내부는 화려함의 정점에 있었다. 바티칸이 나라라는 건 언뜻 이해할 수 없는 일이었지만 성당 내부의 수많은 예술품은 한 나라를 사도 부족하지 않을 것 같았다. 그것도 잠시 성당 정상으로 가는 티켓을 사기 위해 또 긴 줄을 서서 기다려야 했다.

1시간을 넘게 기다린 후에야 티켓을 끊을 수 있었는데, 정상으로 오르는 길이 좁아 바로 들어갈 수 없었다.

성당 전망대로 가는 방법은 엘리베이터와 계단이 있었다. 옛 건축물이라 해서 얕보면 안 됐다. 성 베드로 성당의 높이는 무려 133미터에 달했다. 엘리베이터를 타려면 추가 비용을 지불해야 했고 무엇보다 엘리베이터를 타기 위해 더 줄을 서야 했다. 우리는 로마의 악법에 항명이라도 하듯 이구동성으로 계단을 택했다.

우리는 한 계단 한 계단 오르며 성당을 자세히 살펴보았다. 어느 정도 올라갔을까. 엘리베이터에서 사람들이 우르르 내렸다. 그때까지는 계단이 완만해서 힘들지도 않았고 우리는 걸어 올라온 것이 좋은 선택이라며 즐거워했다.

돔을 오를 때부터 상황은 달라졌고 결국 엘리베이터를 타도 가파른 계단을 걸어야 하는 건 마찬가지였다. 가파르고 좁은 계단을 하나하나 힘들게 올라가야 했는데 이쯤 되니 하루 종일 뭐 하고 있는 건지 모르겠다는 불만이 터져 나왔다. 관광이라기보다는 고행에 가까웠다.

나는 나름 피렌체 두오모만큼 힘들진 않은 것을 다행으로 여기며, 피렌체 두오모만큼의 감동이 있길 바랐다. 가파르게 비비 꼬인 나선형 계단을 헐떡이며 올라가던 중 멀리 하얀 불빛이 보이면서 공기가 맑아짐을 느꼈다. 하루를 통째로 날린 끝에 대성당의 정상에 오를 수 있었다.

사방이 노란색으로 물들어 끝없이 펼쳐진 로마는 아이러니하게도 인간의 손이 닿지 않은 것 같았다. 인간의 것이라기보다는 자연이 만들어 낸, 세상의 시작 혹은 중심, 근원…. 아니, 그것들로는 부족했다.

다만 그릴 수 없었다. 파리도, 피렌체도, 아테네도 그렸지만, 로마는 그릴 수 없었다. 사랑의 한 부분은 되지만 사랑의 모든 것을 그릴 수는 없었다. 왜 세상의 사람들이 로마로 몰려드는가. 로마에는 사랑의 모든 것이 있었다.

나는 사랑의 충만함으로 가득했고 그 충만함은 곧 터져버릴 지경이었다. 나는 그녀를 바라봤다. 그녀 역시 나를 바라보고 있었고 그녀는 분명 나에게 와달라고 말하고 있었다. 나는 그녀와 진정한 재회를 했다는 데 일말의 의심도 없었다. 그런데 그 사랑은 뜻밖의 방향으로 흘렀다. 나를 안아 준 사람은 그녀가 아니었다.

"너무 아름다워서 어지러워. 잠깐, 이러고 있을게."

무테안경이 잘 어울리는 친구가 내 허리를 감쌌다.

뭐지? 그녀가 바라보고 있는데 나는 왜 이 친구를 떼어낼 수 없는 거지?

이번에는 누구도 웅성거리지 않았다. 그녀는 친구들 뒤로 숨어 보이지 않았고, 나는 그 친구의 어깨가 여리어 감쌌다.

우리는 때로 평화에 손을 놓을 때가 있고 사랑에 손을 놓을 때가 있다. 놓은 손을 다시 잡기는 무척이나 어렵고 먼 길을 돌고 돌아 우리가 원하는 것은 다시 평화와 사랑이라는 것을 알게 된다. 원수를 용서해야 한다면 사랑도 용서받아야 할 때가 있었다.

바티칸에서 나왔을 때 해는 저물었고 우리는 지칠 대로 지쳐 있었다. 숙소로 돌아가자는 친구들과 산탄젤로의 야경을 봐야 한다는 친구들로 갈렸다. 우리는 결국 식사를 하고 여행을 강행하기로 했다.

테베레강 옆에 UFO처럼 생긴 거대한 건물이 덩그러니 자리 잡고 있었다. 그것은 1900년 전 만들어진 산탄젤로 성이었다. 산탄젤로 성은 UFO처럼 노란빛을 밝히고 있었고, 그것이 정말 UFO라도 놀라지 않을 것 같았다. 로마는 놀라움의 연속이었다.

우리는 산탄젤로 성 아래 다리를 걸었다. 다리에는 10개의 천사 조각상이 가로등에 은은하게 빛나고 있었는데 친구들은 천사 조각상을 배경으로 사진을 찍는 데 여념이 없었다.

나는 다리를 걸었다. 다리는 무언가를 이어줄 것 같아서 나는 정말 많은 다리를 줄기차게 걸었다. 그런데 지금 그녀와 같은 다리에 있는데도 그녀와 이어지지는 않았다. 그녀는 천사상 아래서 조명 빛을 받아 은은하게 빛나고 있었다. 정말 낭만적이었고 예뻤다. 어쩌면 그녀와 함께한 시간이 있다는 것만으로 내 인생은 축복받은 것인지도 몰랐다.

친구들의 죽을 것 같다는 얘기, 집에 가겠다는 푸념 때문에 할 수 없이 우

리는 오후에 나보나 광장에서 만나기로 했다.

나는 약속 시간보다 몇 시간 먼저 판테온 신전으로 갔다. 도심 한복판에 판테온 신전이 버티고 있었는데 그 육중함과 위엄은 말로 표현할 수 없었다. 판테온 신전은 2000년 가까운 역사를 가지고 있었다. 아무리 로마라 해도 2000년 동안 원형 그대로 보존된 건물은 손에 꼽았다.

판테온 신전 외부를 천천히 돌아보았다. 입구의 화려함과 달리 옆과 뒤의

벽에는 단 하나의 창문도 없었고 요새란 표현이 맞을 정도로 투박했다. 벽의 두께는 6미터에 달했고 그 오랜 세월 침략과 재해로부터 살아남은 이유이기도 했을 것이다.

신전 내부로 들어가자 육중한 외부와는 별개로 원통형의 벽과 돔의 둥근 면이 완벽한 비례의 미로 장엄하고 엄숙한 내부를 연출하고 있었다. 그리고 43미터나 되는 천장 꼭대기의 단 하나의 둥근 창에서 빛이 쏟아지고 있었다.

그 빛에서 답을 찾을 수 있을 것 같았다. 아주 긴 시간 무너지지 않기 위해서는 단 하나의 빛, 단 하나의 신념, 단 하나의 사랑만이 있어야 한다고 말이다.

나보나 광장, 판테온, 트레비 분수는 로마 시내 중 가장 사람들로 붐비는 시내 한가운데에 있었다. 판테온에서 나와 군중의 물결에 쓸려 천천히 골목을 걸었다. 언뜻 봐도 수백 년은 되어 보이는 건물과 고풍스러운 가게들이 보였다. 좁디좁은 골목이지만 가게 앞 골목에 기념품 가판을 내어놓았다. 식당에서는 손님을 더 받으려 테이블을 밖에 꺼내 놓았다. 덕분에 좁은 골목이 더 좁게 되어 3줄, 4줄로 걷다가 잠시 정체를 일으키고 2줄로 걷고, 기다리다 걷다 기다리다 걷다를 반복했다.

골목 중간중간에는 작은 광장이 있었는데 그곳은 거리 예술가들의 공간이었다. 초상화를 그려주는 사람, 묘기와 차력을 하는 사람, 노래하는 사람, 신기한 악기를 연주하는 사람, 여러 가지 종이 틀을 이용해 스프레이 래커로 즉석에서 콜로세움을 찍어주는 사람, 로마에는 유럽 여느 도시보다 압도적으로 거리 예술가들이 많았고 거리 예술가들의 천국이었다.

이 수많은 거리 예술가 중 유독 눈에 띄었던 것은 공중 부양하는 광대들이었다. 이들은 특수 제작된 틀에 몸을 지탱해 마치 공중 부양을 하는 것과 같은 모습으로 지나가는 사람들의 시선을 끌었다.

또 흥미로운 거리 예술가는 보도블록 위에 다양한 색의 분필로 그림을 그리는 사람들이었다. 가로세로 3미터쯤 되는 공터 보도블록 위에 분필로 아인슈타인과 같은 유명인을 그렸다. 보도블록에 그린 그림이기에 지나다니는 사람들이 밟거나 비가 오면, 없어질 그림을 이 사람들은 묵묵히 그리고 있었다. 나는 그들의 행위를 이해할 수 없었지만, 그들은 내게 말하고 있는 것 같았다.

'비록 사라질지라도.'

여전히 인파에 쓸려 가다 갑자기 눈앞에 널찍한 광장 하나가 나왔다. 나보나 광장이었다. 나보나 광장에는 바로크풍의 분수가 세 개 있는데, 그중에서 제일 유명한 분수는 가운데에 자리 잡은 베르니니가 설계한 분수였다. 분수 주위에는 사진 찍는 관광객들로 발 디딜 틈조차 없었다.

이곳에도 역시 거리 예술가들이 많았다. 나는 거리 화가가 많은 곳으로 갔다. 그런데 그들의 그림 도구가 독특했다. 화장대처럼 연필이나 그림 그리는 도구를 넣을 수 있는 서랍이 있었고 거울 대신 이젤이 붙어 있었다. 높이도 높아 손님을 내려다보며 그릴 수 있어 셀카의 효과를 낳을 수 있었다. 이동이 많지 않다면 편리해 보였고 여러 화가들이 그 도구를 사용하고 있었다.

그들의 그림을 지켜보고 있는데 어떻게 찾았는지 친구들이 몰려왔다. 잠깐 그림을 지켜보더니 한 친구가 말했다.

“심심한데 우리도 그려 달라고 할까?”

“그럴까?”

“우리한테도 화가가 있는데 돈 내고 그릴 필요가 있을까?”

나는 거절했지만, 친구들은 그동안 밥 먹여 준 것이 있는데 밥값을 하라고 몰아붙였다. 그동안 나는 학생이라는 이유로 계산에서 열외되고 있었다. 그들은 초상화를 그린 돈으로 오늘 저녁까지 사라는 말을 덧붙였다. 그들의 극성에 광장 구석에 이젤을 폈다.

초상화는 어렵지 않았다. 손님에게 만족을 주기 위해서는 지금보다 조금 예쁘게 그려주면 그만이었다. 눈을 조금 크게 그린다거나 턱을 약간 갸름하게, 얼굴의 윤곽을 도드라지게 그리면 함박웃음을 지었다.

그런데 나는 그녀의 초상화를 그린 적이 없었다. 소중한 사람의 작은 것 하나도 바꾸기가 쉽지 않았다. 다빈치는 눈썹을 지웠고, 고흐는 귀를 잘랐지만 나는 그들처럼 대범하지 못했다.

초상화의 또 하나의 덕목은 스피드였다. 누구도 의자에 오래 앉아 있길 원하지 않았다. 나는 30분 만에 4명의 친구들을 그렸다. 그녀와 두 명의 친구들은 그림을 원하지 않았다.

그들은 나를 남겨둔 채 광장 한쪽으로 가 모여 앉았다. 손님은 없었고 마냥 앉아있기만 할 수 없어 기념으로 그들을 그렸다. 먼저 그녀를 그렸고, 다른 친구를 잘못 그렸는데 그녀가 되었고, 한눈판 사이에 또 그녀를 그리고 있었고…. 7명의 그녀를 그리게 됐다. 그들이 내게 다가오자 재빨리 그림을 감췄다.

7명의 마녀들은 왜 돈을 못 벌고 있냐며 작은 난쟁이를 괴롭혔고 참다못해 한 가지 요구를 했다. 사람을 모으려면 음악이 필요하니 바이올린을 켜달라고 했다. 바이올린을 전공한 사람이 두 명 있었고 휴식을 취하는 악사들에게 잠시 빌릴 수 있을 것 같았다.

"○○아, 너 바이올린 가져왔잖아. 썩혀서 뭐 해. 놀아 보자."

순간 류블랴나에서의 거리 악사가 떠올라 살갗이 서늘해졌다.

운 좋게 손님을 한 명 받았고 그제야 그녀가 도착했다. 그녀는 이런 일이 있을 줄 알았다는 듯이 치마 정장에 구두까지 챙겨 신었다.

"시작해도 되지?"

"처음은 빠른 곡으로 부탁해,"

"OK."

그녀는 한 번의 긴 호흡이 끝나기 무섭게 활을 튕겼다. 비발디의 〈바이올린 협주곡 6번, RV 356〉이었다. 그 바이올린 소리가 내 귀를 홀렸다. 나보나 광장은 흐릿하게 멀어졌고 그녀만이 선명하게 보였다.

"이봐?"

나는 손님의 불만에 환하게 웃었다.

"죄송합니다, 손님. 좋은 그림이 나올 것 같네요."

그녀의 연주에 전율했고 그것은 다시 나의 연필로 전이됐다. 그녀의 활에 맞춰 연필심이 도화지에 눌렸다. 화첩을 보지 않아도 상대를 보지 않아도 연필은 음악에 맞춰 멈추지 않았다. 그리고 연필은 그림에 감정을 넣고 있었다. 감정은 단면적인 것이 아니었다. 더욱 많은 것이 혼합되어야 넘치게 할 수 있는 것이었다.

나는 상대방의 외모를 변화시키는 것이 아니라 상대방의 감정을 변화시키는 그림을 그리고 있었다. 빛, 신념, 사랑은 외면받을지는 모르지만 사라지지 않는다. 헨델, 모차르트, 차이콥스키, 멘델스존. 톨스토이, 셰익스피어, 빅토르 위고, 헤밍웨이 그들의 작품은 무너지지 않았다. 무너지지 않는다는 것은 사람의 감정을 이롭게 바꾸고 있다는 것이다. 그녀의 두 번째 연주가 시작됐다.

'헨델의 〈사라방드(라 폴리아)〉'

사람들은 무언가에 홀린 듯 우리 주변에 모여들었고 어렵지 않게 자리에 앉았다, 나는 내가 그릴 수 있는 최고의 그림을 그리고 있었고, 헐값에 팔아넘기고 있었다. 나는 계속해서 그림을 그렸고 그녀 역시 계속해서 연주했다. 나는 이 순간이 내가 가질 수 있는 최고의 행복이라 생각했다. 또 한 곡이 끝나가자 그녀에게 말했다.

“우리 정말 잘 맞는다.”

그녀는 바이올린을 내려놓았다.

“아직 아니야. 더 연주를 해야 해.”

“너 아직도 나 좋아하니?”

그녀는 원망, 그리움, 체념의 표정을 짓고 있었다.

‘왜 당연한 걸 물어봐? 우리는 이번 여행에서 가장 중요한 일을 하고 있잖아.’

“나는 너 좋아해.”

그녀는 내게 키스했다. 맞지 않는 코드와 콘센트. 우리는 당연한 재회가 이뤄져야 할 때 아주 작은 것이 맞지 않았다.

다음 날 아침, 우리는 트레비 분수 앞에서 모였다. 그리고 작별 인사를 하려 했다. 그들은 캐리어와 가방을 들고 나를 바라봤고 나만 혼자서 맞은편에 있었다. 흔한 이별이었지만 잘못된 것이 있었다. 나는 그녀의 손목을 잡아끌었다.

"내 옆에 붙어 있어. 이게 맞아."

그리고 그들에게 말했다.

"너희들은 어서 지구 반대편으로 가버려."

"○○아. 나 내년 봄에 결혼해."

트레비 분수 앞, 내 마음의 호수에서 물이 맹렬히 빠져나가고 있었다. 정말이지 손쓸 틈 없이 빠져나가고 있었다.

마른 바닥 위에 젖은 반지가 있었고 그것을 어깨 너머로 던졌다.

밀라노

세상은 나의 편이 아니다. 오히려 나의 고통을 즐기고 있다. 나를 보호해야 했기 때문에 베를린행 기차에 타지 않았다. 20시간 이상 기차 안에서 고통받을 엄두가 나지 않았다. 또한, 로마에서 멀어지고 싶지 않았다. 만약 그녀가 로마로 돌아온다면, 그렇다면 다시 로마로 가야 하기 때문이었다.

로마에서 2시간 거리의 밀라노행 기차에 탔다. 피렌체를 경유하는 노선을 탄 기차는 지하터널로 로마를 빠져나갔다. 로마의 여운과 그림자조차 허락되지 않은 채, 새로 만들어진 깜깜한 터널의 형광등만이 반복적으로 지나쳐 갔다. 기차는 그렇게 정신없이 질주했고 나를 밀라노에 내려놨다.

밀라노 중앙역에서 나오자마자 로마에서와는 다른 복잡함이 엄습했다. 광장의 많은 사람과 8차로의 넓은 도로에 가득한 자동차와 매연, 이탈리아 어디에서도 볼 수 없었던 번쩍번쩍한 높은 빌딩 숲은 마치 서울을 연상하게 했다.

답답했다. 충동적으로 숙소를 4박을 예약했는데 5일 동안 이곳에서 무엇을 해야 할지 알 수 없어 답답했다.

예약한 숙소를 찾아 자리를 떠났다. 예약한 숙소는 중앙역에서 걸어서 15분 정도 거리였다. 차이나타운을 지났고 도심 외곽의 조용하고 낡은 주택가가 나왔다. 이 거리에는 2, 3층의 호텔들이 많았다.

어렵지 않게 예약된 숙소를 찾아 체크인하고 방에 들어갔다. 좁은 방과 어두운 조명에 실망도 했지만 초라한 나와 잘 어울리는 것 같았다. 짐을 방 한쪽에 버려두고 침대로 몸을 던졌다. 눈을 감았고 다림질이 된 깔끔한 침대 시트와 베개가 더럽혀지지 않기를 바랐다.

다음 날, 숙소에서 밀라노 대성당이 있는 시내까지는 걸어서 30~40분 정도 걸렸다. 시내가 가까워질수록 낡은 도시는 사라져 갔고 밝게 빛나는 세련된 거리가 나왔다. 사람도 자동차도 바쁘게 오가는 도시는 활기찼지만, 대도시 특유의 차가운 분주함이었다.

빠르게 지나가는 자동차들 사이로 한 칸, 두 칸짜리 트램이 도로 한가운

데를 어색하게 지나다니고 있었다. 모든 것이 바쁜 밀라노에서 트램만 느긋하게 가고 있었다. 트램은 걷는 것보다는 빠르고 달리는 것보다는 느린 속도로 덜컹거리며 몇 안 되는 승객들을 실어 나르고 있었다.

나는 이젤을 펴고 트램을 향해 말했다.

"빨리 가지 않으면 떠나 버려."

'서두를 거 없어. 천천히 가도 도착하게 되어 있어.'

"그녀는 너보다 더 빨리 가는걸."

빅토리오 엠마누엘 2세의 아케이드를 빠져나오자 밀라노 여행 목적의 9할을 차지하는 밀라노 대성당이 눈앞에 나타났다. 대리석으로 지어진 백색의 성당은 이제껏 봐왔던 성당과는 다른 경이로움을 느끼게 했다. 밀라노 대성당은 고딕 양식의 돌출된 기둥과 뾰족한 수십 개의 첨탑이 하나의 줄기가 되어 하늘에서 무언가를 지상으로 끌어내리는 효과를 낳았다. 더구나 성당 외

벽은 단일 성당으로는 세계에서 가장 많은 조각 작품으로 장식돼 있었다. 백색의 성당은 웨딩드레스의 우아함이 있었고 왕관의 근엄함이 있었다. 그것의 결합은 극도의 화려함을 만들어내고 있었다.

누구의 결혼식이 이토록 성대할까. 넓은 광장의 많은 사람에게는 미소가 가득했고 행복과 경의를 표하고 있었다.

나는 광장 끝, 사람들이 사진 찍는 데 방해되지 않는 지점에 앉았다. 광장 한쪽에 앉아 하염없이 사람들을 구경하고 다시 성당을 바라보고 그림을 그리기를 반복했다. 해 질 녘, 대성당은 흰 드레스 대신 빨간 드레스로 바꿔 입었다. 그리고 달이 뜬 밤이 되자 노란색 드레스를 입고 있었다. 나는 그중 하얀색 드레스가 가장 마음에 들었다.

밀라노의 또 하나의 명소, 명품거리를 찾아 걸었다. 번잡한 시내를 지나 좀 걷다 보니 조용하고 깨끗하게 정돈된 거리가 나왔다. 본능적으로 이곳이 명품거리라는 걸 알 수 있었다. 통유리로 된 가게 안에는 고급스러워 보이는 가방이나 옷들이 전시되어 있었고, 출입구에는 검은색 정장을 입은 건장한 남자들이 서 있었다. 매장 내 직원들도 검정 재킷에 하얀 블라우스를 입고 반짝반짝 빛나는 구두를 신고 있었다. 직원들의 얼음장 같은 표정에선 꼼꼼한 마음가짐이 묻어났다.

골목골목마다 똑같은 브랜드의 가게들이 서너 개 정도 있었다. 명품 매장으로 도배된 거리였다. 그 화려한 모습이 불편했다. 나는 가로수 아래, 차도에 밀착해 그림을 그렸다.

그림을 그리는 모습이 불편해 보였는지 매장의 보안 요원이 다가왔다. 그는 빈정거리는 말투로 말을 걸었다.

"이봐, 뭘 그리고 있는 거야? 도무지 이 거리와 닮은 구석이 하나도 없잖아."

"그런가요? 이 거리에서 화려함을 지우고 있거든요."

"이 거리를 화려하게 꾸미기 위해 얼마나 많은 사람이 애를 썼는데, 화려함을 지운다는 거야? 차라리 빈민가에 가서 그림을 그리는 건 어때?"

"화려함을 지운다고 했지, 초라함을 그린다고 하지는 않았어요."

"초라함을 지우면 같은 거 아닌가. 이곳이 싫으면 어서 가버리라고."

복잡하고 답답한 밀라노가 싫었다. 기차표를 구매하러 중앙역으로 갔다. 창구 앞에서 기다리는 줄을 보니 최소 30분 이상은 기다려야 할 것 같았다. 승객에 비해 역무원들이 턱없이 부족했다. 30분을 기다려서야 내일 아침 스위스 베른행 기차표를 예약할 수 있었다.

베른

이탈리아 북부로 올라갈수록 산세가 험해졌다. 산꼭대기에는 하얗게 눈이 쌓여 있다. 기차는 산과 산 사이를 비집고 들어갔고 터널들을 들락거렸다. 터널을 빠져나오면 사진에서나 볼 법한 풍경이 펼쳐져 있었다. 붉게 물든 산과 에메랄드빛 호수, 옹기종기 모여 있는 마을, 알프스가 선물해 준 낯선 이탈리아 풍경이었다. 기차는 깎아지른 산비탈 사이사이로 조심스레 빠져나갔고 친절하게도 조그만 간이역마다 정차했다.

긴 터널을 반복해서 지나갔고 어느샌가 초록색 초원이 펼쳐진 풍경이 시작됐다. 국경을 넘어선 것이고 침엽수림 지대의 스위스는 여전히 초록색이었다. 맑은 공기를 가로질러 작렬하는 햇빛에 초록색 세상은 눈부시게 빛났다. 햇빛이 부서져 반짝이는 것인지 세상이 부서져 반짝이는 것인지 알 수 없었다.

그 모습이 너무 예뻐 몇 번이고 차창에 머리를 부딪쳐야 했다. 그녀와 같이 봤으면 더 좋았을 거라는 씁쓸함도 있었지만, 그것조차 잊을 만큼 창밖의 풍경이 아름다웠다. 스위스 국경으로 넘어와 두 시간쯤 더 달린 뒤에 목적지인 수도 베른에 도착했다.

베른 중앙역에 도착했을 때, 한적하고 평화로울 것이란 예상과 달리 꽤 많은 사람으로 붐볐다. 인구 12만의 작은 도시이지만 도심에 집중적으로 관공서와 주택들이 밀집해 있어 인구밀도는 상대적으로 높았다. 베른의 첫인상에 약간은 당황했지만 정돈된 분위기와 깨끗한 거리 때문인지 혼잡하거나 정신 사납진 않았다.

유로를 스위스 프랑으로 환전하고 숙소를 향해 걸었다. 예약한 숙소는 구시가지의 끝부분 아레강 옆에 있었고 걸어서 20분 거리이다. 중앙역에서 구시가지 쪽으로 걸어갔다. 스위스의 상징이자 베른의 상징인 시계탑들이 한 블록 지날 때마다 눈에 띄었다. 정시가 가까워지자 사람들이 한 시계탑 주위로 모여들었다. 가만히 보니 다른 시계탑보다 더 클 뿐만 아니라 시계에 여러 장식이 있었다. 정시가 되자 종소리가 울리고 몇몇 장식품이 이리저리 움직이며 짧은 공연을 펼쳤다. 인형들이 오르락내리락하는 것이 귀엽고 앙증맞았다.

모처럼 웃음이 나왔고 그 자리에 앉아서 시계탑을 그렸다. 그림을 그리다 보니 시간을 생각하게 됐다. 모든 사람에게는 시간이 의미가 있다. 나에게도 시간은 의미가 있었다. 그리고 앞으로의 시간은 어떻게 흐를지 알 수 없었다.

시계탑을 기준으로 본격적인 구도심이 시작됐다. 곧게 뻗은 메인 도로는 돌로 포장되어 있었고 도로에는 트램이 다니지 않고 전기 케이블과 연결되어 움직이는 전기 버스만이 가끔씩 다녔다. 차도 거의 다니지 않아 넓은 거리가 오직 걷기용으로 이용되고 있었다. 도로 중앙에 수로가 있어 물이 흘렀고 분수가 중간중간 있는 점이 특이했다. 각각의 개성 있는 분수대에는 빨간 꽃들이 피어 있고 맑은 물이 고여 있었다. 분수대의 조각상에서 쪼르르 흐르는 물을 지나가던 사람들은 마시고 생수병에 넣어가기도 했다.

숙소는 장미공원으로 올라가기 전 구시가지 끝자락 강변에 있었다. 1층은 낮에는 식당으로 밤에는 펍으로 변하는 곳에서 2, 3층의 객실을 관리하는 리셉션으로 사용하고 있었다. 음식과 술을 팔고, 숙소 체크인, 체크아웃까지 중년 여성이 혼자 다 하고 있었다. 2박 요금을 지불했는데 거의 이탈리아 1주일 숙박 요금과 비슷했다.

숙소는 깨끗하고 좋았다. 핸드폰을 충전하려는데 콘센트가 달랐다. 어댑터가 필요했다. 훗날 이탈리아, 스위스에 다시 온다면 지난 기억을 다시 떠올리는 것도 괜찮겠다 싶었다. 오후 5시였다. 토요일 6시면 베른의 슈퍼마켓은 문을 닫았고 다음 날은 일요일이라 마켓들이 문을 열지 않기에 서둘러 슈퍼로 향했다. 곧 문을 닫으려는지 정리 정돈으로 분주했다. 스위스에 왔으니 유제품 코너에 가장 눈이 갔다. 가장 맛있어 보이는 우유와 요구르트 그리고 초콜릿을 골랐다.

다음 날 아침을 먹고 장미공원으로 향했다. 베른의 공기는 티끌 하나 없

이 깨끗했다. 구름 한 점 없는 파란 하늘에서 쏟아지는 눈부신 햇살에 절로 기분이 좋아졌다. 구시가지는 12세기 언덕 위에 형성된 도시였고 지금은 세계문화유산에 등록되어 있었다. 구시가지를 아레강이 U자로 감싸며 흘렀다. 아레강은 언덕과 언덕 사이에 흘러 계곡이 되었고 알프스에서 녹아내린 에메랄드빛 강물이 세차게 흐르고 있었다. 아레강을 건너 구시가지 맞은편 언덕에 장미공원이 있었다.

다리를 건너니 언덕 아래에 곰 공원이 있었다. 공원이라고 하기에는 작은 크기였고, 언덕의 경사진 곳에 철망으로 곰을 가두어 놓았다. 관광객의 기다림을 눈치라도 챘는지 어슬렁거리며 커다란 덩치의 흑색 곰 한 마리가 나왔다. 곰은 관광객들의 웅성거림과 카메라 셔터 소리에는 관심이 없는지 땅

을 파고 무언가를 입에 넣고 씹어 댔다.

곰 공원을 지나 장미공원 언덕을 올랐다. 5분이면 오를 수 있는 높이의 언덕은 오를수록 구시가지가 한눈에 내려다보였다. 청명한 하늘에 알록달록 단풍이 들어있는 숲, 빨간 지붕 사이로 뾰쪽뾰쪽 솟아있는 성당의 첨탑, 스위스 천혜의 자연환경과 아름다운 건축이 어우러져 비현실적이고 완벽한 마을을 만들어 냈다.

나는 그 자리에서 이젤을 폈다. 마을 전체를 담고 싶은 마음에 이젤을 폈는데 시선은 강가를 따라 지어진 집으로 향했다. 지붕이 가파른 그 집이 따뜻해 보였다. 나는 지쳐 있었고, 여행을 멈추는 건 어떤가 하는 생각이 들었다.

장미공원에서 내려와 강을 따라 걸었다. 강가에는 흙길의 산책로가 뻗어 있었다. 한가로이 강의 정취에 빠져있는데 먼 곳에서 사람 한 명이 거센 물살에 떠내려오고 있었다. 하지만 구해달라는 신호는 없이 그의 팔은 미동조차 하지 않는다. 무슨 일인가 가만히 보고 있으니 그냥 물살에 자기 몸을 맡기고 떠내려오는 일종의 레포츠를 즐기고 있는 것이었다. 내 눈에는 무모한 모험으로 보였지만 그의 표정은 웃음으로 가득 차 있었다. 또 한 명의 중년 남성이 똑같은 모습으로 떠내려오고 있었다. 그 뒤에도 줄줄이 사람들이 내려왔다. 하나같이 행복한 표정에 나를 비롯한 관광객들 모두가 웃음을 터트렸다.

그 웃음이 어린아이 같았다. 나도 어릴 적 물놀이를 할 때 저런 표정을 지었을까. 이미 많은 시간이 지났고, 앞으로도 시간은 아레강의 물결처럼 흘러갈 것이다.

날이 저물고 다시 구도심 거리로 나갔다. 각 건물에는 지하의 방공호 입구가 45도로 뉘어진 형태로 되어 있었다. 낮에는 굳게 잠겨 있지만 해가 질 무렵 잠겨 있던 문들이 하나둘 열리기 시작했다. 지하의 신비스럽고 유혹적인 불빛이 스멀스멀 도시를 물들이고 있었다.

나는 다시 시계탑 앞에 섰다. 경쾌했던 낮의 시계탑과 달리 밤의 시계탑은 경건한 느낌을 줬다. 나는 그림 그릴 준비를 했다.

지금까지 내 시간의 의미는 그녀였다. 새벽에 뒤척여 잠에서 깨어나는 시간, 창으로 햇빛이 통과할 시간, 계절이 바뀌는 시간, 그리고 즐겁거나 슬펐던 시간마다, 나는 그녀를 떠올렸다. 그런데 시간의 의미가 사라진 지금 시간은 무엇을 싣고 어떻게 흐를 것인가. 나는 시간이 흐르는 방향으로 이젤을 돌렸다. 시간은 너울져 흐르고 있었다. 그런데 시간의 의미가 사라졌음에도 그녀는 여전히 남아 있었다. 마치 시간의 흐름을 가로막는 것처럼 말이다.

다시 이젤을 돌렸다. 시간이 녹아버리고 있었고, 시계가 깨지고 있었다.

시계는 재편되길 바랐다.

다음 날 다시 장미공원에 올랐다. 언덕 위의 공원은 널찍하고 평평했다. 장미공원이라는 명칭에게 맞게 장미 덩굴이 있었지만, 늦가을이라 장미는 찾아볼 수 없었다. 장미공원 잔디밭에는 가을의 정취를 만끽하러 온 사람들이 파란 하늘을 바라보며 누워있거나, 햇볕을 쬐며 책을 읽기도 했고 아이들과 산책하기도 했다. 나도 그들을 따라 누웠다. 눈물 나게 파란 하늘이었다.

취리히

오후 5시가 돼서야 베른역에서 취리히행 기차를 탔다. 베른에서 취리히까지는 기차로 1시간 정도 걸렸고 30분마다 기차가 있어서 이동에 대한 스트레스가 없었다. 초가을 시작했던 여행은 취리히에 도착했을 때쯤, 나뭇잎들이 노랗게 변해서 땅으로 쏟아지고 있는 계절이 되었다.

예약한 숙소는 중앙역에서 걸어서 약 20분 거리였다. 취리히도 여느 도시와 마찬가지로 도심과 멀어질수록 어수선한 분위기인 건 어쩔 수 없었다.

외곽으로 갈수록 숙박 요금이 쌌고, 꽤 많은 돈을 들고 시작한 여행이었지만 이제 거의 바닥이 나 버렸다.

다음 날, 체크아웃을 하고 시내를 향해 걸었다. 거리에는 커다란 가로수와 크고 작은 공원들이 자주 눈에 띄었다. 파란색 트램과 사람들이 분주하게 거리를 오가고 있었는데, 좋은 날씨와 많은 나무는 그들의 빠름에 여유를 불어 넣는 것 같았다.

작은 골목으로 발길을 돌렸다. 아기자기하게 꾸며진 상가와 3, 4층의 집들이 예뻐 그 자리에서 이젤을 폈다.

목조 창문은 저마다 다채로운 색감을 자랑했고 꽃과 소품으로 장식되어 있었다. 그 창으로 햇빛이 내려왔고 쌀쌀한 날씨임에도 창문들이 열리고 있었다. 문득 창문을 열던 손의 주인은 어떤 얼굴을 하고 있는지 궁금했다.

골목은 이 골목 저 골목 이어지다가 도시 한가운데를 관통하는 운하에서

끊겼다. 운하를 잇는 여러 다리가 있었고 그 아래 말끔하게 페인트칠해진 배들이 정박하고 있었다. 운하는 바다처럼 넓은 호수로 이어졌고 호수에는 백조와 하얀 알프스가 떠 있었다.

숙소는 체크아웃이 되었던 터라 짐이 많았다. 이동하기 힘들어서 다리 위에 자리를 잡았다. 다리 위 벤치나 난간에는 겨울이 오기 전 마지막 볕 바라기를 하는 사람들이 많았다.

나는 그들이 궁금해졌다. 무슨 생각을 하고 있고 무슨 얘기를 하고 있는지 말이다. 아침을 무엇을 먹었고 오늘 저녁에는 무슨 약속이 있는지 궁금해졌다.

그런데 그들 중 누구도 나를 궁금해하지 않았다. 처음부터 나를 몰랐고 당연히 나를 기억해 주지도 않았다. 나는 공기가 되어 흩어지는 기분이었다.

금발의 멋진 여성이 지나갔다. 개를 끌고 가는 여성의 걸음이 당당했다. 이렇게 가까이 있지만 나는 빛이 되어 1초에 지구를 일곱 바퀴 반을 돌며 그들을 스쳐 지나가고 있는 것 같았다. 하물며 지구 반대편에 있는 그녀가 나를 생각할까.

우린 다시 볼 수 없을 거야. 우리가 다시 볼 수 있다 해도 서로를 기억하고 있을지는 알 수 없어.

마지막 여행

얼마나 빡빡하던지 잘 뽑히지 않았다. 어렵사리 냉장고 플러그를 뽑았다.

친구들, 이제 베이스캠프에서 나가 줘야 해. 우리들의 고마웠던 베이스캠프와 작별할 시간이야. 짐은 한국으로 다 보냈고, 베이스캠프에 남은 것이라곤 책상 위에 그림 하나뿐이었다. 아직 물감이 다 마르지 않아서 저대로 있어야 해.

저 그림의 제목은

'사랑, 태워버리자.'

놀랄 건 없어. 이제 우린 엄연한 어른이고 언제까지 사랑 얘기만 할 수 없어.

예전에는 사랑이 전부라 생각했지만, 사랑이 없어도 무엇도 끝난 것이 없었다. 우리는 계속해서 우리의 인생을 살아가야 해. 복잡한 건 털어버리고 마지막 여행을 떠나자.

나는 17호 붓을 깨끗이 빨아 가방에 넣었다.

긴 독일 유학 생활이 끝났다. 한국에 돌아가기 전 가보지 못했던 나라와 도시를 돌아보고 유럽 여행에 마침표를 찍고 싶었다. 유럽의 많은 나라를 가 보았지만, 고소공포증이 있는 나에게 포르투갈은 갈 수 없었던 먼 나라였다. 유럽 대륙의 끝, 포르투갈에 가야겠다는 일념으로 긴 여행을 계획했다. 베를린 – 쾰른 – 브뤼셀 – 파리 – 마르세유 – 아를 – 몽펠리에 – 바르

셀로나 – 마드리드 – 리스본 - 포르투, 다시 마드리드 – 보르도 – 파리 – 브뤼셀 – 암스테르담 – 하를렘 – 베를린. 40여 일간의 기차 여행이었다.

파리

아침 7시 파리로 가기 위해 베를린 중앙역에 도착했다. 야간버스는 타지 않았다. 레일패스를 구매했기 때문에 오로지 기차로만 이동할 예정이었다.

대부분의 여행 시작은 베를린 중앙역에서부터였다. 마지막으로 기차를 탄다는 것을 알았지만 특별한 감흥은 없었다. 언제나 바쁜 베를린역을 뒤로 하고, 쾰른행 ICE 독일 고속 열차에 올랐다.

베를린 – 쾰른 – 브뤼셀 – 파리 기차를 3번 갈아타야 했고 약 12시간 동안 이동해야 했다. 3월이지만 차창 밖의 세상은 잔설이 남아 황량했다.

그림으로 생업의 길을 열지 못한 나는 이번 여행을 끝으로 한국에 돌아갈 것이다. 돌아가면 현실과 직면하게 될 것이고 일자리를 찾아 헤매야 한다. 그것이 심각한 고민거리는 아니었다. 무역회사나 독일어 강사, 아니면 작은 화실을 차릴 수도 있을 테니까.

문제는 앞으로 그림을 그릴 수 없다는 것이다. 그림은 사치가 되었다. 나는 이번 여행에서 많은 그림을 그리지 않겠다고 마음먹었다. 덕분에 여행 가방은 무척 가벼워졌다.

4시간 만에 도착한 쾰른은 독일에서 서유럽으로 가기 위한 관문 같은 도시였다. 쾰른발 브뤼셀행 탈리스 기차에 탔고 기차는 독일 국경을 넘어 벨기에 수도 브뤼셀에 도착했다. 다시 파리로 가는 탈리스로 갈아탔고 깜깜한 밤이 돼서야 기차는 파리북역에 도착했다.

파리는 이미 여러 번 여행했던지라 이번 여행에 넣을 생각은 없었지만, 남프랑스로 이동하기 위해 하룻밤을 지내야만 했다. 파리에 오면 의식처럼 매번 하는 일이 있었다. 에펠탑을 그리는 것이었다.

다음 날 이른 아침에 눈이 떠져 일정보다 일찍 리옹역으로 향했다.

마르세유행 기차를 타기까지 두 시간이 남아있었다. 허기를 채우기 위해 리옹역 주변의 상가를 살피는데 파울 카페 간판이 보였다. 언젠가 파리에 가면 꼭 파울 카페의 커피와 빵을 먹어보라고 했던 프랑스 친구의 말이 떠올랐다. 아직 날이 밝지 않은 시간에도 파울 카페 앞에는 사람들로 길게 줄이 늘어서 있었는데 나도 그 대열에 합류했다.

내 차례가 되어 크루아상과 커피를 주문했다. 뜨거운 커피에 크루아상 한

입을 베어 물었다. 바삭하고 부드러운 빵과 향긋한 커피가 추운 아침과 제법 잘 어울렸다.

이번 여행의 시작점인 것 같아 파울 카페를 그렸다.

마르세유

마르세유행 TZV 기차가 플랫폼에 들어왔다. 플랫폼 입구에서 경찰과 역무원에게 티켓과 여권을 검사받은 후 기차에 승차했다. 마르세유행 고속 열차는 남쪽으로 천천히 출발했다.

마르세유는 지중해를 끼고 있는 프로방스의 항구도시다. 파랗게 빛나는 지중해가 보고 싶었고 마르세유 주변의 소도시 아비뇽, 엑상프로방스, 아를 등 풍경이 궁금했다.

고속 열차로 대략 4시간 거리였는데 남부로 갈수록 황량했던 들녘이 포도나무와 밀 등의 농작물로 채워졌다. 분홍빛 기와에 발코니가 있는 집들이 빠르게 스쳐 갔고 여행한다는 설렘에 잔 숨을 내쉬었다.

마르세유 중앙역에 도착하자 후끈한 열기에 당황스러웠다. 독일에서 출발한 나는 아직도 두꺼운 외투를 걸치고 있었는데 이곳은 이미 초여름이었다.

외투를 벗으며 마르세유 중앙역에서 나오는데 순간 걸음을 멈추고 멍하니 서 있어야 했다. 크고 작은 산과 파랗게 빛나는 바다, 밝은 톤의 빼곡한 건물들이 한눈에 내려다보였다. 게다가 강렬한 햇빛과 바다 내음 가득 실린 바람의 급격한 환경 변화에 약간의 현기증을 일으켰다.

한동안 도시의 황홀한 전망에 취해 있다가 바닷가를 걷고 싶은 마음에 정신을 차리고 숙소로 향했다. 중앙역이 언덕 위에 있어서 셀 수 없이 긴 계단을 내려가야 했다.

중앙역에서 바라본 마르세유의 감동이 너무 컸던 것일까? 마르세유의 거리는 쓰레기와 자동차들의 질주로 정신이 없었다. 트램과 자동차가 뒤섞였고 뿌연 흙먼지가 솟아올랐다.

유럽은 어느 도시든 역 근처는 이민족이 많았고 마르세유 역시 유난히 많은 아랍인들이 있었다. 그들의 경계하는 눈빛에 걸음을 재촉했다. 그런데 가도 가도 아랍인들뿐이었다. 남자들은 수염을 길렀고 여자들은 얼굴을 가리는 부르카나 히잡을 둘러쓰고 있었다. 무슬림 슈퍼와 케밥 집도 흔했다. 도시를 가로지르기까지 그 모습은 변하지 않았다.

대학 생활을 하면서 아랍 친구들을 사귀게 되었다. 그들은 정이 많고 나를 가족이나 형제처럼 환대해 주었다. 그리고 그들은 자기들끼리 몰려다니는 것을 좋아했다. 반면에 일본인이나 한국인은 개인적 성향이 강해 떨어져 행동하는 것을 좋아했다. 동양인은 해코지당하는 경우가 많았지만, 누구도 아랍인을 무시하지 못했다. 어쨌든 프랑스에서 세 번째로 큰 도시는 유색 인종이 주를 이루었다. 내가 기차에서 잠든 사이 다른 나라에 내렸을 것이란 착각에 잠겼다.

숙소에 도착해 잠시 휴식을 취하니 초저녁이 되었다. 숙소를 나서 항구로 향했다. 걸어서 10분이면 충분한 거리였다.

항구로 가는 길에 재래시장이 있었고, 배가 고픈 참이었기에 시장으로 들어갔다. 보기에도 먹음직스러운 싱싱한 과일, 채소가 넘쳐났고 가격 또한 저렴했다. 아랍인 상인과 아랍인 손님이 실랑이하기도 했지만, 과일과 채소들은 불티나게 팔려나갔다. 나도 흘러나오는 군침을 참지 못하고 토마토와 오이를 샀다. 좀 더 시장 안으로 들어가니 생필품 코너와 식당, 반찬 가게 등이 있었는데 대부분 유럽에서 처음 접하는 것들이었다. 호기심도 있었지만 강한 카레 향과 향신료 때문에 구매는 하지 않았다. 결국에는 제일 만만한 케밥과 치킨 한 마리를 샀다. 치킨은 생닭을 긴 쇠꼬치에 꽂아 전기구이로 굽는 유럽의 일반적인 치킨이었다. 남프랑스 마르세유까지 왔지만 결국 먹는 건 전기구이 치킨과 케밥이었다.

항구에 도착하자 바다에는 수많은 요트가 떠 있었고 항구를 둘러싼 하얀 톤의 호텔들이 노을에 물들고 있었다. 많은 관광객이 항구로 모여들었고 1층 레스토랑과 카페에는 여러 인종의 사람들로 북적였다. 호텔 뒤로는

돌산이 있었고, 산 정상에는 성당으로 보이는 건물이 있었다. 돌산과 항구, 바다가 어우러져 이색적인 분위기를 자아내고 있었다.

매력적인 항이었지만 방파제에 둘러싸여 답답하기도 했다. 더 넓은 바다를 보고 싶었고 같은 생각의 사람들과 섞여 걸었다.

항구 끝 방파제를 지나니 끝없이 펼쳐진 지중해가 보였다. 해가 지고 있었고 사람들의 시선은 해가 걸려 있는 수평선에 고정되어 있었다. 지중해는 붉은 노을에 물들어 버렸다. 그리고 파란 어둠이 내렸다. 광활한 대자연을 마주하고 있으면 초라한 내 모습이 보였다. 검은 어둠이 바다와 하늘의 경계를 모호하게 만들었고 해안을 따라 가로등 불빛이 켜지자 다시 숙소로 발길을 돌렸다.

다음 날 느지막이 숙소를 나섰다. 마르세유는 유명한 관광지나 유적지가 없었다. 그렇다고 니스 같은 백사장이 있는 휴양 도시도 아니었다. 마르세유 시내를 한 바퀴 돌고 전망 좋은 곳에서 커피를 마시며 쉴 생각이었다.

따뜻한 날씨를 만끽하며 항구로 들어서자 어제와 다른 활기가 느껴졌다. 고급 요트들로 채워진 항구에 낡은 어선들이 마르세유의 아침을 점령하고 있었다. 사람들로 붐비고 있어 가까이 가보니 새벽에 출항해서 잡아 온 활어를 어부들이 팔고 있었다. 가판대에는 생전 처음 보는 열대 어종부터 대형 물고기, 문어, 오징어, 조개 등 그 종류도 다양했다. 손님이 물고기를 고르면 두꺼운 팔뚝으로 칼을 휘둘렀다. 순식간에 생선 대가리, 내장, 지느러

미가 나가떨어졌다. 어부의 신기의 손놀림에 싱싱한 활어들은 가판대에 올려지자마자 순식간에 팔려 나갔다.

유럽 내륙 국가에서 활어를 본다는 것은 불가능한 일이었다. 그들은 회를 먹지 않았고 통조림이나 훈제를 즐겼기 때문이다. 수산시장의 에너지에 빠져 나도 무언가 사고 싶었지만 회나 조리된 생선을 팔지는 않았다. 물고기가 다 팔려 없어질 때까지 나는 수산시장의 신기한 광경을 지켜보았다.

물고기가 다 팔리자 수산시장은 썰물에 씻겨 내려가듯 흔적조차 없이 사라져 버렸다. 나는 어제저녁에 걸었던 해변을 따라 걸었다. 쏟아지는 빛이 파란 지중해에 반사되어 반짝거렸고 복잡한 세상은 애초에 없었다는 듯이 평화로웠다. 나는 바닷가 그늘에 앉아 멀리 수평선을 응시하고 하염없이 시간을 보냈다.

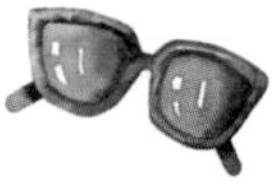

아를

다음 날 아침, 아를에 가기 위해 마르세유역 계단을 힘겹게 올랐다. 곧 아를행 기차가 도착했고 지방 역이 그렇듯 기차 안은 한산했다. 아를은 마르세유에서 한 시간 거리였고 레일패스가 있었기에 굳이 아를에 숙소를 정하지 않았다. 아를을 둘러보고 다시 마르세유로 돌아갈 예정이었다. 기차가 덜컹거리며 출발을 알렸다.

아를은 고흐를 좋아하는 사람이라면 꼭 한번 가보고 싶은 곳이다. 〈별이 빛나는 밤에〉, 〈밤의 카페 테라스〉, 〈해바라기〉, 〈반 고흐의 방〉 등 수많은 명작이 탄생한 작은 마을이었다.

기차는 해안선을 타고 달렸다. 3월 중순이었지만 창밖은 벚꽃이 만개했다. 파란 하늘과 바다를 배경으로 핀 벚꽃이 눈부셔 눈시울이 젖었다. 아를에 도착한다는 방송이 나왔는데 오보라 여겼다. 혹시나 해서 시계를 봤더니 한 시간이 훌쩍 지나 있었고 서둘러 짐을 챙겼다.

아를역은 간이역처럼 작았다. 역에는 지방 열차만이 한 시간에 한 대 정도 있을 뿐, 한적하기만 했다. 마을까지는 15분 정도 거리였고, 시내로 이어지는 직선의 도로와 굽어진 강변도로가 있었다. 어디로 가든 아를에 도착하는 데는 문제없을 것 같아 론강 쪽으로 걸었다.

론강은 콘크리트 제방으로 둘러싸여 탁한 하늘색 물이 흐르고 있었다. 비

가 많이 왔는지 유속이 빨랐고 제방 공사가 한참 진행되고 있어 강을 따라 흙과 콘크리트가 파헤쳐져 있었다. 한편 들판에는 작열하는 햇빛에 아지랑이가 피어올랐다. 고흐의 붓이 지나간 것처럼 말이다.

아를 시내로 들어서자 작고 낮은 오래된 집들이 맞이했다. 목제의 문과 창문의 햇볕 가림막은 파스텔 톤의 하늘색, 자주색, 연두색이나 핑크로 단장했고, 창과 발코니에는 어김없이 화분이 놓여 있었다. 고급스럽고 화려하지는 않지만 차분하고 정감이 갔다.

시내의 크기는 천천히 걸어서도 한 시간이면 다 둘러볼 수 있을 정도로

LE LION GOURMAND

작았다. 하지만 오래된 마을이라 그런지 골목이 좁고 미로처럼 이어져 있어 초행이라면 길을 잃기 쉬웠다.

길을 잃었지만, 곳곳의 표지판에 고흐 미술관, 그림을 그렸던 장소, 카페, 정신병원, 고흐의 방 등이 새겨져 있어 길을 잃은 채 걸었다. 상점의 창문 뒤나 노점에는 고흐의 그림이 인쇄된 엽서들이 점령하고 있었다. 아를은 고흐의 마을이라 해도 무방했다.

길을 걷다 보니 조그만 광장과 마주쳤다. 광장 가운데에 조그만 분수가 있고, 주위는 레스토랑과 카페로 둘러싸여 있었다. 광장까지 테이블과 의자로 꽉 차 있어 광장이라기보다는 커다란 노천 식당처럼 보였다. 그리고 노란색 카페 하나가 눈에 스쳤다. 순간이었지만 그 카페의 잔상이 뇌에 엉켜들었다.

뒤돌아보자마자 알아봤다. 밤의 카페 테라스. 노란 차양이 쳐진 테라스에는 테이블과 의자가 있었고, 손님들이 앉아 커피를 마시고 있었다. 내가 놀랐던 이유는 130년 전에 있던 밤의 카페 테라스가 현존하더라도 고흐의 박물관이나 바리케이드가 쳐진 시설 정도일 것으로 생각했기 때문이었다. 그런데 밤의 카페 테라스에는 여전히 사람들이 앉아 웃고 떠들고 있었다. 그림이 그려짐과 동시에 카페도 무한의 생명력을 얻은 것 같았다. 나도 그곳에 앉아 커피를 마시려 했지만 관광객들의 카메라 세례를 받는 모델이 되고 싶지는 않았다.

밤의 카페 테라스가 실재한다면 고흐가 그렸던 다른 것도 실재할 것이란 확신이 들었다. 멀리서 찾을 것도 없이 아를 시내 한가운데에는 고흐가 귀를 자르고 나서 입원했던 정신병원 건물이 그대로 있었다. 지금은 문화센터로 용도를 바꿨지만, 정원으로 들어서자 고흐의 그림처럼 화려한 꽃들로 가득했다. 나는 고흐가 정원을 그린 구도를 찾았다. 2층 그리고 3층으로 올라갔다. 그림 속의 구도는 2층, 혹은 3층 복도에서 정원을 내려다본 풍경이었다. 나는 한동안 난간에 매달려 정원을 바라봤다. 복도에는 학생들이 시끄럽게 떠들며 뛰어다녔다. 학생들의 해맑은 웃음소리가 외롭기만 했던 고흐의 귓가에 닿길 바랐다.

고흐의 정신병원에서 나와 아를 시내를 걸었다. 마을 한쪽에는 콜로세움과 꼭 닮은 원형 경기장이 있었다. 로마 시대 때 지어진 원형 투기장으로 콜로세움 다음으로 큰 규모의 대형 경기장이었다. 위대한 건축물이었지만 고흐는 경기장을 그리지 않았고 우리 기억 속의 아를은 아름다운 시골 풍경으로 자리 잡고 있었다.

다시 마을로 들어갔고 미로처럼 얽힌 길에 갈 길을 잃었다. 부채꼴 모양의 집 앞에서 길을 잃었고 건물을 따라 사선으로 놓인 두 갈래 길 앞에서 어느 쪽으로 갈지 고민했다. 그리고 이젤을 폈다.

고흐는 아를에서 머무는 2년 동안 200여 점의 그림을 그렸다. 그 그림들은 훗날 명작이 되었지만, 고흐의 생전에 팔린 그림이라고는 단 한 점도 없었다. 비록 고흐의 동생이 그를 후원해 주어 생계에는 문제가 없었겠지만, 누구도 알아주지 않는 그림을 그려야 한다는 숙명이 그의 인생을 얼마나 피폐하게 했을까.

오른쪽 길은 고흐의 길이고 왼쪽 길은 시간이 지나면 사라질 화가의 길이라면 나는 어느 길을 택할까, 고민할 것 없이 왼쪽으로 갈 것이다. 고흐의 길은 감당할 수 없는 외로움과 고독뿐이다, 이젤을 접고 나는 왼쪽으로 걸었다.

밤이 되어 다시 마르세유 숙소로 돌아가려고 역으로 향했다. 공사 현장이었던 론강변을 지나는데 마을에서 새어 나오는 불빛과 달빛, 별빛이 론강 수면 위에 비치고 있었다. 고흐의 명작이자 내가 가장 좋아하는 작품인 〈론

강의 별이 빛나는 밤〉이 캔버스에서 빠져나와 있었다. 이젤을 펼 것도 없이 나는 그 자리에서 모작에 들어갔다. 스케치북을 바닥에 놓고 아를 강물을 물통에 담은 뒤 팔레트와 17호 붓만을 꺼냈다.

강과 어두운 마을을 그렸고 불빛과 강에 반짝이는 것들을 그렸다. 달을 그렸고 별을 그리려는데 별을 그릴 수가 없었다. 이것은 고흐의 별이라는 생각이 들었다. 나도 그림을 그리는 사람으로서 나의 별을 그리고 싶었다. 나는 여전히 어느 길로 갈지 고민하고 있다. 인생의 계속되는 절망이 나를 고흐의 길로 몰아넣는다면 나도 그 길을 가야만 하는 걸까. 내일의 일은 알 수 없었다.

몽펠리에

아를에서 마르세유에 도착한 다음 날 아침, 다음 목적지 몽펠리에에 가기 위해 체크아웃했다. 중앙역으로 가기 위해 계단을 올랐다, 가파른 언덕과 계단에 어느새 정감이 갔다. 오르고 나서야 중앙역에 도착해서 또 언제 볼지 모를 마르세유의 멋진 풍광을 내려다보았다.

몽펠리에에 대한 사전 지식은 없었다. 단순히 몽펠리에라는 예쁜 도시 이름에 끌렸다. 기차는 아름다운 지중해를 끼고 달렸다. 아를을 지나 한 시간쯤 더 달린 후에 몽펠리에에 도착했다.

중앙역을 나서자 광장 앞에는 수많은 트램 선로가 복잡하게 얽혀 있었고 야자수들이 뜨거운 햇빛을 가리고 있었다. 생각한 것보다 커다란 도시의 규모에 잠시 어디로 가야 할지 갈피를 잡지 못했다. 마음을 다잡고 숙소로 향했다.

왜 몽펠리에라는 이름에서 예쁘고 낭만적이고 차분한 분위기를 상상했을까. 오래 걸은 것도 아닌데 이미 몇 개의 대학을 지나쳤고 거리의 스피커에서는 힙합이 흘러나왔다. 상점의 테라스에는 젊은이들이 맥주를 마시며 고성을 질렀다. 몽펠리에는 교육의 도시였고 거리를 걷는 동안 학생들의 웃음소리가 끊이지 않았다.

예약한 숙소에 짐을 풀고 다시 몽펠리에 시내로 나갔다. 시내 중앙에 커다란 광장이 있었다. 여느 광장과 마찬가지로 식당과 카페가 밀집되어 있었고 노천 식당과 카페가 사람들로 붐볐다. 관광객들도 많이 보였고, 거리공연을 하는 사람들, 거리 예술가, 피켓을 들고 시위하는 사람들, 쉼 없이 들락거리는 트램으로 넓은 광장은 발 디딜 틈이 없었다.

복잡한 광장을 뒤로하고 구시가지로 향했다. 고풍스러운 오래된 건물과 돌바닥, 돌담길은 중세 시대의 한 장면을 옮겨 놓은 듯했다. 차가 지날 수 없는 구시가지의 좁은 골목에는 다양한 물건을 파는 개성 넘치는 상점이 많았다. 상점 앞 좌판은 좁은 길을 더 좁게 했고 학생들과 관광객들이 뒤섞여 번잡스럽기까지 했다. 건물만 보았을 때는 유럽인데 골목의 풍경은 동남아나

인도와 다를 바 없었다. 유난히 많은 자전거의 모습도 그랬다. 그래도 멋진 젊은이들 틈에 있어서였는지 그 골목을 헤매는 것이 나쁘지 않았다.

시내 구경을 끝내고 숙소로 돌아왔다. 솔직히 몽펠리에는 특별히 관심 가는 부분이 없었다. 친구들과 모여 놀기는 좋은 곳이었지만 혼자 여행하는 사람에게 오래 머물고 싶은 곳은 아니었다. 남은 2박은 다음 여행을 위해 휴식을 취하기로 했다.

바르셀로나

몽펠리에에서 출발한 고속 열차는 스페인 국경을 넘어 작고 아담한 피게레스역에서 멈췄다. 전원적인 풍경의 피게레스역은 종착지였고 바르셀로나로 가는 기차로 환승해야 했다. 역 앞에서 바르셀로나행 기차가 오기를 기다렸다.

역은 피게레스 시내와 떨어져 있었고 피게레스로 가는 승객들은 셔틀버

스에 올랐다. 버스가 떠나자 텅 빈 광장을 홀로 걷는 여자가 있었다. 그녀는 시골길로 접어들어 작은 마을로 향하고 있었다. 그 모습이 명절의 귀향처럼 따뜻해 보였다.

바르셀로나행 고속 열차를 탔고, 오후가 돼서 바르셀로나 중앙역에 도착했다. 숙소는 람블라 거리에 있었고 지하철을 이용했다. 바르셀로나의 지하철은 넓고 깨끗했다. 유럽의 낡고 지저분한 지하철에 익숙해 있다가 바르셀로나 지하철을 타게 되니 더없이 쾌적했다. 그 모습이 신기해 가방에서 스케치북을 꺼냈다.

람블라 거리의 좁은 골목에서 예약한 숙소를 어렵지 않게 찾을 수 있었다. 작지만 깔끔하게 리모델링을 마친 숙소였고 직원들도 친절했다.

짐을 풀고 구시가지의 중심 람블라 거리를 걸었다. 거리에는 다양한 스페인 요리를 맛볼 수 있는 식당이 줄지어 있었고 야외 테이블에서 식사하는 모습에 한껏 여유가 묻어났다. 반면 거리를 걷는 현지인은 분주한 모습을 보였다. 스페인 하면 따뜻한 날씨와 낙천적이고 느긋함이 떠올랐는데 꼭 그렇지만은 않았다.

람블라 거리 곳곳에는 가우디 건축물이 있었다. SF 영화에서나 나올 법한, SF 영화 배경의 모티브가 되었던 건축물이었다. 지중해를 끼고 많은 해안 도시가 있지만, 바르셀로나는 가우디로 인해 차별화에 성공했다.

멀리 콜럼버스 동상이 돛대 위 깃발의 형상으로 서 있었다. 콜럼버스 동상으로 가다가 보케리아 전통시장을 발견했다. 배가 고팠고 발길을 돌려 많은 인파를 따라 시장 안으로 들어갔다. 보케리아 시장에는 다양한 식료품은 물론 항구 도시답게 다양한 생물과 활어가 있었다. 테이블 몇 개 있는 간이식당에서 물고기를 맛보고 싶었지만 언제나 만석이었다.

해산물 다음으로 눈길을 끈 것은 수많은 돼지 뒷다리를 걸어놓은 정육점이었다. 돼지 뒷다리를 말린 하몽이라는 스페인 전통음식은 퀴퀴한 냄새가 진동했다. 이상하게도 그 냄새가 침샘을 자극했다. 가격은 천차만별이었는데 고기의 생산지, 지방의 분포도, 말린 상태에 따라서 등급이 매겨진다고 했다. 가이드북이나 인터넷에는 하몽을 멜론과 함께 먹어야 한다는 글을 많이 볼 수 있었다. 멜론과 얇게 썬 하몽을 사서 서둘러 숙소로 돌아갔다.

다음 날, 언덕 위에 있는 구엘 공원에 가기 위해 아침부터 서둘렀다. 가우디 최고의 작품을 볼 수 있다는 설렘을 안고 발길을 재촉했다. 구엘 공원은 숙소인 람블라 거리에서 멀기 때문에 지하철을 이용했다.

지하철 안에 있던 대부분의 사람들이 구엘 공원 입구에서 하차했다. 지하철에서 내리자 주택가 사이의 공원으로 올라가는 끝없이 가파른 길에 다행

히 에스컬레이터가 뻗어 있었다. 에스컬레이터를 탄 관광객들과 나는 주택과 발코니의 현지인들을 흥미롭게 바라봤고, 그런 관광객을 건조한 시선으로 차버리는 현지인들의 모습이 재미있었다. 공원 초입에는 여기저기 선인장이 펴져 있었다. 팔뚝은 붉게 탔고 강한 태양 아래 먼지 폴폴 풍기는 마른 흙길의 공원에 들어섰다.

공원 정상으로 갈수록 지중해가 면적을 넓혔다. 남유럽은 지붕이 없거나 낮은 빌라나 아파트 등의 멋없는 콘크리트 건물이 주를 이뤄 답답했다. 그 딱딱한 풍경에 지중해가 파란 지붕이라도 되는 듯 그 답답함을 상쇄했다.

그리고 가우디의 건축물을 만났을 때 바르셀로나의 풍경은 전혀 다른 세계의 것이었다.

구엘 공원은 가우디의 상상력이 총집결한 장소였다. 자연에서 모티브를 얻어 어려운 아르누보 양식의 곡선들이 화려하게 기이한 형상을 뽐내고 있었다. 야자수와 돌기둥, 둥글둥글한 곡선을 가진 지붕, 문, 창문, 벽에는 형형색색의 타일을 붙여서 만든 화려한 모자이크까지. 옥상이나 계단의 난간을 도마뱀 모양으로 둘러쌓아서 장식한 괴팍함. 단 하나라도 평범히 두지 않고 그의 색깔을 입혀놓은 세심함은 그가 왜 가장 위대한 건축가이자 예술가인지 확인시켜 주었다.

그의 건축은 공간의 실용성을 극대화하지도, 그렇다고 대단한 건축 기술을 사용한 것도 아니었다. 당시에는 듣도 보도 못한 상상 속의 건축물을 실제로 재현해 냈다는 것에 가치를 둘 수 있었다.

그건 다양성이다. 당시에도 가우디의 건축에 열광했을까 묻는다면 나는 회의적이다. 누군가는 흉물처럼 느꼈을지도 모른다. 그러나 예술은 결국 끊임없이 말한다.

'그것만 있는 것이 아니야. 이런 것도 있어.'

구엘 공원 정문 앞 계단, 핫 스폿에 사진을 찍으려는 수많은 관광객이 긴 줄을 서고 있었다. 나는 일찌감치 포기하고 시원한 그늘 아래서 이젤을 폈다. 야자수 잎이 바람에 날리는 것이 시원해 보였기 때문이다.

구엘 공원은 구엘이라는 사업가가 가우디에게 의뢰해 만들어졌다. 구엘은 가우디의 후원자이기도 했다. 르네상스의 예술가도, 고흐도, 가우디도 후원자가 있었다.

예술의 세계와 현실의 세계는 전혀 다르기 때문에 예술은 누군가의 후원 없이는 가기 힘든 길이다. 누구도 예술과 현실의 세계를 자유롭게 이동할 수 있는 멘탈의 소유자는 없다. 먹고, 입고, 자고, 만나고의 문제를 누군가 해결해 줘야 한다. 그런데 요즘은 예술가의 후원자도 사라지고 있다. 부자들은 돈이 되는 곳에 투자하고, 가난한 예술가들은 고개를 숙이느니 현실에 벽을 쌓는다. 그 결과 세상은 획일화로 액셀을 밟는다.

나에게도 10년 넘게 후원해 준 사람이 있었다. 나는 그 시간을 좀 더 소중히 여겼어야 했다.

구엘 공원에서 나와 가우디의 다른 보물을 찾으러 나섰다. 가우디의 대표 작품은 누가 뭐라 해도 사그라다 파밀리아 성당이었다. 지하철역에서 나오자마자 보이는 성당의 거대한 규모와 기이함에 압도되었다. 가까이 다가가자 손바닥만 한 벽면 하나도 허투루 다루지 않은 섬세함에 절로 고개가 숙여졌다. 예술가를 꿈꿨던 자로서 존경심이 일었다.

가우디는 죽었지만 1883년부터 지금까지 공사를 하고 있었다. 한 건물에 백 년 전에 쌓인 벽돌과 쌓인 지 며칠 안 되는 벽돌들도 있을 것이다. 그래서인지 벽면마다 돌들의 색깔이 달랐다. 그 이유도 있겠지만 한 면의 벽을 청소하는 데 2년의 시간이 걸린다고 했다. 성당의 규모와 섬세함 그리고 역사를 동시에 말해 주고 있었다.

사그라다 파밀리아 성당은 다양한 건축 양식이 혼재되어 있는 점이 가장 큰 흥밋거리였다. 사그라다 파밀리아 성당은 화려한 바로크 양식에서부터 직선으로 이루어진 고딕 양식, 현대 건축에서나 보일 법한 모던한 스타일까지 이것저것 다 섞어놓은 통일성 없는 건축물이었다. 누군가에게는 조잡하게 보일 수도 있지만, 가우디가 시도했던 조합이 얼마나 많은 이들에게 영감을 줄지는 두말할 필요가 없었다. 반대로 반발하는 자들은 그들만의 새로운 것을 창조해 나갈 것이다.

사그라다 파밀리아 성당 안은 얼마나 화려할까 궁금해 성당 입구를 찾았다. 어디서부터 어디까지인지도 가늠하기 어려운 긴 줄이 이곳이 입구라는 것을 말해 주었다. 지금은 오후 3시, 오늘 안에 볼 수 있을까 하는 불안감으로 줄 끝에 서서 하염없이 기다렸다. 기다리기를 30분, 뙤약볕 아래 지쳐가는 건 둘째치고 아직도 입구가 어디인지도 보이지 않았다. 결국, 성당에서 멀찍이 떨어진 슈퍼에 가서 음료를 사고 성당을 스케치했다.

성당은 괴물처럼 느껴졌다. 가우디는 애초에 성당의 공사 기간을 200년으로 예상했다. 얼마나 거만한가. 거장의 역작을 건설하기 위한 200년간 나 같은 존재성 없는 예술가들은 잡목 베이듯 사라졌을 것이다. 콜럼버스의 대항해에 가려진 탐험가들의 작은 결실은 얼마나 허망했을까. 그래, 나는 질투하고 있었다. 그리고 사그라다 파밀리아 성당은 역사가 되고 있었다.

다음 날, 에스파냐 광장은 밤이면 세계 3대 분수 쇼가 펼쳐진다고 했다. 바르셀로나 야간 여행의 필수 코스이다 보니 관광객이 많이 모이고, 어둠과 혼란이 소매치기들에게는 더 없는 명당이라고 들었다. 그래서 난 아무도 오지 않는 낮의 몬주익 분수를 보러 갔다. 언덕에 계단식으로 분수가 이어져 있는데 폭포수 같은 물이 떨어지고 있었다. 멋있긴 했다. 하지만 청소가 안 된 지저분한 주변 환경과 위에서 아래로 흐른 물은 다시 위로 뺑뺑이를 돌리는지 물비린내가 많이 났다. 분수에서 멀찌감치 떨어져 언덕 위의 미술관까지 올랐다. 미술관 언덕에서 내려다보자 멀지 않은 곳에 원형의 투우 경기장이 이곳이 스페인이라는 것을 확인해 주었다.

언덕으로 올라왔던 길 대신 반대편으로 나 있는 산책로를 따라 걸었다. 5~6층 정도의 빛바랜 건물 외벽에는 빨래들이 어지럽게 걸려 있었다. 주택가를 지나자 멀찌감치 바다가 보이기 시작했다. 바다를 향해 걸었다. 가슴이 답답할 때는 바다만큼 좋은 것이 없었다.

몬세라트

바르셀로나의 복잡함이 싫어 바르셀로나 근교의 몬세라트 수도원으로 향했다. 바르셀로나에서 몬세라트까지는 기차로 1시간 정도 걸리는데 창밖 시골 풍경에 정신을 팔다 보니 어느새 몬세라트역에 도착했다.

카탈루냐어로 몬세라트는 톱니 모양의 산이란 뜻이었다. 지명처럼 톱니 모양의 수많은 바위가 모이고 깎여 거대한 돌산을 이루고 있었다. 돌산 정상에 수도원이 있다는 게, 상상하기 어려웠다.

경사 급한 돌산을 오르기 위해서는 산악열차나 케이블카를 타야 했다. 산악열차는 대기 시간이 길어 케이블카를 이용할 수밖에 없었다. 고소공포증과 비행기 공포증이 있는 나에게 케이블카 역시 두려운 대상이었다. 케이블카는 한눈에 봐도 낡아 녹이 슬어 있었고 케이블 지지대는 커다란 돌에 콘크리트로 접합한 게 불안하기 짝이 없었다. 또 산으로 이어진 레일의 경사는 지금까지 볼 수 없었던 난이도였다.

얼어버린 몸을 힘겹게 케이블카에 넣자 케이블카가 덜컹거리며 출발을 알렸다. 경직됐던 몸은 산 위로 올라갈수록 창밖의 장엄한 풍경에 점점 느슨해졌다. 브로콜리처럼 몽글몽글한 나무들이 끝없이 펼쳐져 절경의 산세를 이루고 있었는데 5분여 남짓의 시간이 아쉽기까지 했다.

산 정상에 도착하니 또 다른 진풍경이 펼쳐졌다. 그곳에는 여러 채의 5, 6층 건물과 성당, 박물관, 식당, 카페까지 있었고 축제라도 하는 듯 사람들로 넘쳐났다. 도무지 이곳이 돌산 꼭대기라는 게 믿어지지 않았다. 또 공기는 차갑게 식어 표피 위에 앉았고, 실제 등산이라도 한 것처럼 마냥 신이 났다. 펍에 가서 맥주를 시켰다. 차가운 맥주 한 잔을 마시자 하늘은 더 가까워졌고 사람들의 목소리도 더욱 선명해졌다.

두 시간가량 여유를 즐기고 느지막이 성당을 보러 갔다. 성당엔 끝이 보이지 않는 긴 줄이 있었다. 한참을 기다려서 성당에 들어가니 또 다른 긴 줄이 이어져 있었다.

몬세라트에는 유명한 두 가지가 있는데 하나는 유럽에서 가장 오래된 소년 성가대 에스콜라니아 합창단이었고 또 하나는 검은 성모마리아상이었다. 눈앞의 긴 줄은 검은 성모마리아상을 기다리는 줄이었다. 성모마리아가 들고 있는 둥근 공을 만지며 소원을 빌면 이루어진다고 하여 이 수많은 사람이 30분에서 1시간을 기꺼이 기다리고 있는 것이다.

검은 성모마리아에게 소원을 빌고 내려와 아픈 다리도 쉬게 할 겸 성당에 앉았다. 빨강, 초록, 파랑, 노랑, 화려한 금장식의 성당 내부는 유럽의 어느 성당보다 화려했다. 한참 성당 내부를 살펴보고 있는데 사람들이 분주한 걸음으로 자리를 채우고 있었다. 어느새 성당 안 좌석에는 사람들로 꽉 찼다. 혹시 소년 성가대가 공연하는 건가 하고 조마조마했는데 연세 지긋한 할아버지 할머니들이 등장했다. 실망스러웠고 시시하다는 생각이 들었다.

잠시 후 노인들의 목소리가 성당에 울렸다. 그 목소리가 귓가에 들리자 고개는 자연스레 그들에게로 향했다. 노인들의 깊은 주름 안의 눈망울이 반짝였고, 몸을 써가면서까지 목소리에 최선을 다했다.

그들은 노래가 아닌 마음을 전달하고 있었다.

진심으로 당신의 행복을 빌어요.

당신의 행복을 비는 데 대가는 필요치 않아요.

우린 다시 만날 일이 없겠죠.

또 한 번 당신의 행복을 빌어요

마드리드

마드리드로 이동하기 위해 바르셀로나 중앙역으로 향했다. 미리 독일에서 티켓을 사둔 덕분에 여유롭게 플랫폼으로 갔지만 보안 검사가 공항만큼 복잡했다. 소지품과 가방 검사를 하고 금속탐지기를 지난 다음 여권까지 꼼꼼하게 확인했다. 3중 보안을 뚫고서야 비로소 마드리드행 기차에 탑승했다. 기차는 부드럽게 미끄러져 마드리드로 출발했다. 남쪽으로 내려갈수록 대지는 더 메말라 가고 있었다. 황량한 벌판에 듬성듬성 자라는 작은 나무들이 스쳤다. 마드리드를 지나면 이번 여행은 종착지 포르투갈에 도착하게 된다.

3시간쯤 지나 마드리드에 도착했다. 마드리드 중앙역은 시내에서 떨어져 있었고 예약한 숙소로 천천히 걸어갔다. 고층 건물이 빼곡한 거리를 걸어보니 차도, 사람도 많았다. 고층 건물들은 하나같이 대리석 외벽에 돌조각들로 고급스럽게 장식되었다. 건물들은 갑옷을 입은 기사처럼 빛났고 경직되어 있었다.

마드리드의 시내 중심인 솔 광장이 나왔다. '태양의 문'이라는 뜻의 솔 광장은 마드리드에서 가장 붐비는 곳이었다. 솔 광장에는 여러 종류의 사람들이 만나고 흩어지기를 반복하고 있었다. 그들 중 유독 눈에 띄는 것은 축구팀 레알 마드리드와 아틀레티코 마드리드의 유니폼을 입고 있는 사람들이

었다. 주변에 유니폼을 파는 가게도 쉽게 찾을 수 있었다. 무적함대의 기상을 이어받은 것이었을까. 스페인은 투우와 축구에 열광했다.

솔 광장에서 조금만 더 걸어가자 길게 늘어선 5~6층 건물 벽에 부딪혔다. 그리고 이정표를 보니 이곳이 마요르 광장이라 쓰여 있다. 고개를 갸웃거리며 건물 사이로 들어갔더니 축구장보다 넓은 광장이 나왔다. 광장은 사방이 높은 건물로 둘러싸여 안으로 들어오지 않고서는 이곳에 이처럼 넓은 공간이 있는지 알 수 없었다. 만약 이곳에서 공연을 한다면 건물 1층의 레스토랑과 카페에 앉아, 혹은 호텔의 편안한 의자를 창가에 두고 안락한 관람을 할 수 있을 것 같았다.

마요르 광장 옆에 바르셀로나 보케리아 시장과 비슷한 장이 서 있었다. 시장은 저렴한 식당과 식자재를 파는 가게들로 가득했다. 오후 3시밖에 되지 않은 시간이었지만 식자재가 모두 팔려나간 시장은 벌써 폐장 분위기였다. 간단한 먹을거리를 사서 예약한 숙소로 갔다.

마드리드는 포르투갈로 가기 위해 반드시 거쳐야 하는 도시이기도 했지만, 그곳에 가야 하는 또 다른 이유는 친구를 만나기 위해서였다.

대학 동기였던 친구는 학창 시절 거들먹거렸고 자유롭게 행동했다. 누가 보기에는 그 모습이 전투적이었을지도 모른다. 그 친구와 함께하면 고민 따위는 사라졌고 우리는 자주 수업을 빼먹고 술을 마시러 갔다. 그리고 내가 군대에서 제대하고 복학했을 때 그 친구의 자퇴 소식을 들었다. 자연스럽게 연락이 끊겼고, 10년 후 우연히 연락이 닿았다.

마드리드 오페라 앞에서 보이는 낯익은 동양인의 얼굴이 보였다. 주머니에 손을 넣고 건들거리는 걸음, 입을 삐쭉 내밀고 미간에 힘을 주며 웃는 모습은 예전 그대로였다. 그 모습을 보는 순간 술이나 먹으러 가자는 10년 전의 목소리가 환청으로 다가왔다.

친구는 나를 집으로 초대했다. 르네상스 미술에 빠져있던 친구는 스페인에서 디자인을 공부하고 있다고 했고, 스페인 여자친구와 결혼할 것이라 말했다. 그리고 지난 10년간 일어났던 일들을 털어놓았다. 그 이야기가 재미

있기도 했지만 건들거리는 갑옷을 벗은 친구의 진실한 모습에 울컥하기도 했다. 밤새 계속된 이야기는 다음에 다시 보자는 말로 끝을 맺었다.

다음 날 스페인 왕궁으로 향했다. 왕궁은 도심에서 멀지 않은 곳에 있었는데 이곳만은 다른 세상처럼 평화롭고 고요했다. 왕궁은 유럽 여느 왕궁처럼 호화롭고 넓었지만, 입구 부분만 일반인들에게 열어 놓았다. 나는 철창 사이로 내부를 훔쳐보았다.

그리고 마드리드 북역으로 향했다.

리스본

언젠가 본 영화 〈리스본행 야간열차〉에서, 베른에 사는 한 남자는 우연히 길에서 마주친 여인에게 끌렸다. 그녀에 대해 아는 것이라고는 그녀가 리스본에 갔다는 것이었다. 남자는 그녀를 찾으러 무작정 리스본행 야간열차에 몸을 실었다.

막연한 기대였다. 유럽에서의 마지막 여행, 유럽의 끝으로 가면 무언가

볼 수 있지 않을까. 무언가를 얻을 수 있지 않을까.

마드리드 북역에 도착해 저녁 7시에 출발하는 야간열차에 몸을 실었다. 마드리드에서 리스본으로 가는 기차는 야간열차밖에 없었다. 밤새 앉아갈 순 없어서 침대칸 4인실을 예매했다. 배정된 캐비닛에 들어가니 양쪽에 좁은 2층 침대가 있었다. 기차가 출발할 무렵 다른 승객들이 들어와 짧게 인사했다. 비슷한 나이대로 캐나다에서 마드리드로 교환학생으로 온 친구와 런던에서 지내다 고향인 리스본에 간다는 친구였다. 우리는 신나게 수다를 떨었고 밤이 깊어지자 말수가 줄어들고 다들 잠이 들었다. 조용한 밤 덜컹거리는 열차에 누워 기분 좋은 낯섦을 즐겼다.

점차 어둠이 걷히고 새벽이 지나 또 아침이 찾아왔다. 스페인처럼 메마르지도 않고 프랑스나 독일처럼 풍부하지도 않은 새로운 풍경이었다. 키 작은 나무들이지만 습기에 촉촉이 젖어 있었다. 밤새 고요했던 기차 안은 분주해졌고 허허벌판이었던 빈 풍경에 하나둘 집들이 채워졌다. 리스본에 가까워졌다.

기차가 도착하자 하룻밤 룸메이트와 친구들에게 작별 인사를 건넸다. 그리고 유럽 대륙의 끝 포르투갈 땅에 발을 디뎠다.

나는 천천히 숙소로 향했다. 포르투갈의 공기, 햇볕, 건물, 말소리, 보고 듣고 느껴지는 모든 것이 묘하게 다른 느낌이었다. 3화음의 세계에 살다가 2 혹은 4화음 안으로 들어온 느낌이랄까. 언덕길을 올라야 했고 노란색 트램도 쉼 없이 경사진 언덕을 오갔다. 트램을 탔다면 쉬웠겠지만, 숙소를 찾기 위해 걸었다. 봄의 대기는 덥고 습했다. 숨을 쉬는 깊이와 길이도 평소와는 달라졌다는 것을 알았다.

마침내 언덕 위의 숙소에 도착했다. 숙소 앞 공터에서 내려다보이는 언덕에는 하얀색 벽과 빨간 지붕의 집들이 파란 바다를 배경으로 펼쳐졌다. 그 풍경은 지금까지 봐 왔던 내륙의 빨간 지붕과 달랐다. 내륙의 도시가 밝고 자극적인 빨간 지붕이었다면 바다와 맞닿은 빨간 지붕은 노을이 지는 것처럼 은은했다. 체크인 시간이 되기까지 하염없이 리스본의 풍경을 바라보았다.

좋은 전망의 숙소는 숙박비가 아주 싼 데다 넓고 깨끗했다. 밤새 야간열차를 탄 후유증이 밀려왔고 깊은 잠이 들었다.

다음 날, 대륙의 끝 대서양을 보러 거리로 나왔다. 식당들은 출입문을 활짝 열고 손님을 기다리고 있었고 상점 가판에는 다양한 과일, 채소, 올리브 등을 전시하고 있었다. 꽃집이 유독 많았고 다양한 크기의 화분과 여러 개의 양동이에 한 아름의 꽃들이 채워져 있었다.

거리를 걸으며 나는 내 걸음이 빠르다는 것을 알았다. 많은 사람을 앞질러 왔지만 나를 앞질러 지나가는 사람이 없었다. 뒤돌아보니 거리를 걷는 사람보다 벤치에 앉아 있거나 멈춰 있는 사람이 더 많았다. 그들은 템포를

한 단계 늦춰 살고 있는 것 같았고, 나는 흑백사진 사진을 찍고 있는 기분이었다.

갈매기 소리가 커졌고 멀리 반짝이는 바다가 보였다. 어디에서나 보았던 바다인데 이곳까지의 여정 때문인지 뭉클한 무언가가 내 가슴속을 휘저어 놓았다.

계속 걸었고 땅끝 바다와 강이 만나는 곳에 수변 공원이 있었다. 수많은 어선과 화물선도 비린내도 없었다. 번잡스러운 항구 대신에 깨끗하게 가꾸어진 넓은 광장이 바닷가를 따라 널찍하게 뻗어 있었다. 약간 내륙 쪽에 들어와 있어 시원하게 트인 넓은 바다를 볼 수는 없었지만 검푸른 대서양의 고요하고 적막한 풍경이 좋았다.

나는 넓은 바다 쪽을 바라보며 방재 턱에 앉았다. 끝까지 왔다는 만족감과 함께 더 이상 앞으로 갈 수 없다는 아쉬움이 느껴졌다. 멈춰야 한다는 것

은 템포를 느리게 했고 막연한 기대나 욕심을 버리게 했다. 앞으로 갈 수 없다면 그곳에 머물던가, 돌아가야 했다.

바다를 한참 바라보는데 겁 없는 갈매기 새끼가 내 옆으로 내려왔다. 욕심쟁이 갈매기는 먹을 것이 없나 까만 눈동자로 내 주변을 배회했다. 그 모습이 재미있어 웃자, 갈매기도 웃고 대양으로 날아올랐다.

돌아오는 길에 보니 꽃집의 양동이에 꽃이 한가득 있었다. 그런데 오전과 다르게 꽃의 배치가 달라져 있었다. 다 팔리고 새로 꼽아놓은 꽃이었을까. 꽃이 예쁘고 향기도 좋은데, 나도 몇 송이 사 볼까 하는 생각이 들었다.

나는 예전에 꽃을 그리는 사람이었다.

다음 날, 리스본 사람들의 리듬이 내게도 전염된 것 같았다. 느지막이 일어났고 걷기도 귀찮아 트램을 탔다. 리스본에는 언덕이 많았고 그 비탈에는 굽이굽이 좁은 골목들이 미로처럼 이어져 있었다. 정확히 트램의 폭만 남겨놓고 주택들이 둘러싸고 있는데 그 사이를 비집고 통과하는 것이 짜릿했다. 트램의 진동에 쓰러질 것 같은 집들, 서너 평 되어 보이는 낡은 구멍가게, 창밖을 멍하니 응시하는 노부부, 낮잠을 자는 강아지들, 불과 한 뼘의 거리에서 볼 수 있었던 그들의 일상이었다.

나는 노란색 트램만 보이면 올라탔다. 모르는 곳으로 가 봐야 대서양을 건너지는 못할 것이다. 트램이 다니는 언덕길 그 어딘가에서 내리면 바다가 내려다보이는 전망대에 갈 수 있었고, 평지의 어딘가에서 내리면 멋진 공원과 먹거리 장터도 있었다. 그리고 나를 웃게 하는 신기한 자동차도 있었다. 그것은 툭툭이었다. 동남아에서 많이 보았던 툭툭이인데, 리스본의 툭툭이는 주인이 얼마나 끔찍이 생각하는지 흠집 하나 없이 광이 났다. 툭툭이계의 슈퍼카가 있다면 단연 리스본의 툭툭이었다.

트램은 다시 언덕길을 올라 상 조르제 성에 도착했다. 고대 로마 시대에 지어진 리스본에서 가장 오래된 건축물이었다. 또 과거 이 도시의 요새였기에 큰 규모를 자랑했고 리스본 어디든 내려다볼 수 있었다. 사람들은 나무 그늘에서 피크닉을 즐기거나 독서를 했고, 햇빛 아래서 바다를 보거나 일광욕을 즐겼다. 많은 사람이 있었지만 조용했고 평화로운 곳이었다.

28

P

성에서 내려오는 골목에는 아기자기한 소품 가게나 작은 식당과 카페가 줄지어있었다. 호객꾼들이 메뉴판을 흔들며 적극적으로 어필했는데, 메뉴판에 가려졌다 보였다 하는 거리의 풍경이 오묘했다.

건물의 외벽, 천장, 바닥, 길 옆의 인도까지 가리지 않고 형형색색의 화려한 타일이 붙어 있었다. 타일의 크기도 다양했다. 손바닥보다 큰 타일에는 문양이 새겨져 있었고 작은 타일들이 모여 큰 형상을 연출했다. 거리의 사방은 하나의 모자이크를 이루고 있었다.

꼭 크고 값비싼 것을 통해 얻은 큰 감동만이 전부는 아니었다. 작고 소소한 것에도 얼마든지 만족과 행복이 존재했다.

포르투

리스본에서 북쪽으로 280킬로미터, 또 다른 대륙의 끝 도시 포르투로 향했다. 4월에 접어들었고 여행의 끝을 알리고 있었다.

포르투역에 내려서 지도를 펼치고 숙소의 위치를 확인했다. 숙소에 가는 길을 역무원에게 물었더니, 버스를 타면 30분이면 간다고 했다. 다시 지도를 펼쳤고 역에서 숙소까지 직선거리를 계산해 보니 걸어서도 30분이면 갈 것 같았다. 다만 눈앞에는 높은 언덕이 있었다. 그 뒤에 도우로 강이 있을 테고 강을 건너면 바로 숙소일 것이라 예상했다. 고민을 거듭하다가 결국 걸어가기로 했다.

좁은 골목길로 언덕의 정상을 향해 걸었다. 걷다 보니 이곳이 포르투의 달동네라는 것을 알았다. 높은 경사의 거리에 사람은 없었고 건물은 낮고 낡았다. 전쟁의 폐허처럼 한쪽 면이 부서진 집과 완전히 전복된 집도 종종 있었다. 음침한 분위기에 무서웠고 도중에 길이 끊기지는 않을까 조마조마했다.

아무 일 없이 언덕에 오르자 예상대로 대서양으로 이어진 도우로 강이 보였다. 강 양쪽의 언덕을 이어주는 다리가 있었고, 유유히 떠다니는 멋들어진 배와 빨간 지붕들의 물결이 한눈에 펼쳐졌다. 포르투의 최고의 핫 스폿은 가장 높으면서도 가장 낮은 곳에 있었다.

멋진 포르투의 풍경을 뒤로하고 철재 다리로 내려갔다. 다리는 엿가락 두 개를 위아래로 놓고 중간에 휘어진 엿가락 하나를 위아래에 붙여놓은 모양새였다. 그 직선과 곡선의 조합에 에펠탑 아랫부분이 떠올랐는데 아니나 다를까, 머릿돌에 에펠의 제자인 루이스 1세의 작품이라고 쓰여 있었다. 오래된 다리라는 뜻이기도 했다.

지형상 위쪽의 다리로 건너야 곧바로 숙소가 나왔다. 아래쪽의 다리를 건너려면 한참을 내려가야 했고 곧바로 내려가는 길도 없었다. 더구나 아래쪽 다리를 건너면 또 한참을 올라가야 했다. 마음을 단단히 먹고 위쪽의 다리로 걸었다.

다리에서 내려다보는 포르투의 풍경은 최고였겠지만 나와는 상관없는 얘기였다. 엿가락 같은 철교는 강 위로 족히 50미터는 넘었고, 이 고물 다리에 자동차, 심지어 트램까지 다니고 있었다. 트램이 지나다닐 때는 그 진동에 다리가 무너지는 현기증을 느꼈다. 무리였다. 다리의 3분의 1지점까지 갔다가 이건 아니라는 생각에 빠른 걸음으로 다시 돌아갔다.

예약한 숙소에 도착했을 때는 한 시간 반이 지나 있었다. 쉬고 싶었고 숙소 현관문을 밀었다. 덜컥거리며 밀리지 않는 문, 몇 번을 흔들었지만 마찬가지였다. 의아했지만 현관 계단에 앉아 멍하니 있었다. 뒤돌아보았지만 인기척은 없었다. 전화도 걸었고 문틈으로 전화벨 소리가 들렸지만 받는 사람은 없었다. 불안한 마음이 머리끝까지 올라오는 찰나, 자전거를 끌고 가는 청년이 영어로 내게 말을 걸었다. 요 며칠 당신처럼 호텔 앞에서 기다리는 사람을 많이 봤다고, 기다리다 지친 사람들은 떠나 버렸다고, 이 호텔은 며칠째 문을 열지 않는 것 같다고.

망했다. 유럽의 끝까지 와서 순식간에 노숙자가 신세가 되어 버렸다. 포

르투는 여행을 끝내려 하는 것이 아니라 나를 끝장내 버리려 하고 있었다. 흥분한 나는 옆 호텔 프런트로 가서 확인서를 들이밀며 애걸했다. 이럴 수는 없다. 나는 학생이고 지갑에는 돈이 많지 않다고 말이다. 프런트 직원은 물을 건네며 나를 진정시켰고, 옆의 호텔에서 며칠 전 사건이 있었고 주인은 지금 경찰서에 있다고 말했다. 그리고 확인서를 들여다보며 이 가격으로 방을 줄 수 있다고 말했다. 순간 사탕을 문 아이처럼 나에게는 아무런 걱정이 없었다. 게다가 이 호텔은 별이 두 개 더 많은 호텔이었다. 고급스러운 호텔 방에 들어오고서야 숙소 찾기가 끝났다.

숙소에서 마음을 추스르자 배가 고팠다. 숙소에서 나와 시내로 향했다. 포르투는 루이스 1세 철교를 기준으로 서쪽으로 구도심, 동쪽으로는 신시가

지가 있는데 모든 관광지가 구도심에 집중되어 있었다. 구도심 중심의 광장을 기점으로 관광지와 음식점들이 퍼져 있었다. 그리고 눈에 띄던 것은 유난히 많은 와인 가게였다. 와인병이 특이했는데 일반적인 길고 매끄럽게 빠진 와인병이 아니라 럼이나 위스키병같이 주둥이 부분은 좁고 몸통은 뚱뚱한 모양의 검은색 병이었다. 도수도 13도로 일반 와인보다 높았다. 그 검은색 병에는 하나같이 Port Wine이라고 쓰여 있고 빈티지, 생산 연도가 적혀 있었다. 200년 전 생산된 와인은 무슨 맛일까 상상하다 빈티지 10년 안쪽의 저렴한 와인을 샀다. 생각지 못한 지출이 있었기에 저녁은 케밥으로 때우기로 했다.

다음 날, 포르투에서 가장 활력이 넘치는 도우로 강변으로 향했다. 강변으로 내려가는 길, 좁은 골목과 수많은 계단이 미로처럼 얽혀 있었다. 좁은 골목길에는 100년은 족히 넘은 오래된 집들이 수명을 연장하려 곳곳에 공사가 진행되고 있었다. 차가 다닐 수 없는 길이었기에 인부들은 비지땀을 흘리며 공사 자재를 나르고 있었다.

문과 창에 합판을 덧대 못질 된 집도 있었고 무너져 가는 집도 있었다. 초라했지만 내 집이라면, 좋을 것 같았다. 한국으로 돌아가면 먼저 집을 찾아야 할 것이다. 매월 월세를 내고 계약 기간이 끝나면 이삿짐을 나르느니, 오히려 집을 고치는 시간과 땀이 아깝지 않을 것 같았다.

강가를 따라 카페, 레스토랑이 이어져 있었고 포르투를 찾은 관광객이 모

여 있었다. 강과 바다가 만나는 포르투의 강에는 노 젓는 뗏목부터 바다로 나가는 범선까지 다양한 배들이 있었다. 아래에서 보는 철교가 새로웠고 아래에서 보는 언덕의 건물들은 빨간 지붕은 없고 하얀 벽면이 겹겹이 쌓여 있었다.

강변에는 거리 악사들이 흥을 돋우고 있었다. 이곳의 거리 악사는 특별했다. 서너 명에서 많게는 열 명 정도의 악사들이 턱시도를 차려입고 합주를 했다. 바이올린, 비올라, 첼로, 콘트라베이스까지 갖춰진 작은 오케스트라 팀은 관광객의 이목을 사로잡았다. 흥겨운 연주가 끝나면 열광적인 호응은 물론이거니와 바이올린 케이스에는 동전과 지폐가 가득 쌓였다. 반면 혼자서 기타를 치며 노래하는 악사나, 혼자서 악기를 다루는 악사에게는 관심을 주지 않았다.

나도 강변 한쪽에서 강의 반대편으로 이젤을 폈다. 강이 보이고 창문을 열면 음악과 웃음소리가 들리고 햇빛이 잘 드는, 깔끔한 집이었다. 저런 집을 구하고 싶다는 생각이었다. 2층이나 3층의 방이라면 더없이 좋을 것 같았다.

그림을 그리고 있는데 트럼펫을 든 중년의 거리 악사가 그림 그리는 모습을 지켜봤고 우리는 눈인사를 했다. 잠시 후 거리악사의 딸인 듯한 소녀도 다가와 그림 그리는 것을 지켜봤다. 소녀는 까탈스러운 말투로 말했다.

"예쁜 것도 많은데 왜 집을 그리고 있는 거야. 어떻게 된 사람이야?"

"실례란다."

"뭐, 어때. 이 동양인은 우리 말을 알아듣지 못해."

"그래도 실례란다."

나는 다양한 언어를 하는 사람들과 지내왔기에 한 단어, 혹은 두 단어만 들어도 대충 문맥을 파악할 수 있었다.

왜 집을 그리냐고? 그동안 집들을 그려왔으니까. 나는 집을 그리는 화가니까.

소녀가 말했다.

"나는 할머니가 그리는 그림이 훨씬 좋아."

나는 순간 뒤통수를 세게 얻어맞은 기분이었다. 소녀의 말에 첫 여행지였던 파리의 루브르에서 모작을 하는 할머니가 떠올랐다. 나는 할머니의 그림이 의미 없다고 생각했고, 속으로 미소를 띠었는지도 몰랐다. 할머니의 그림은 많은 사람에게 호응을 받을 수 없는 그림이었기 때문이다. 그러나 한 사람을 위한 그림이었다면 얘기는 달라진다. 소녀는 할머니의 그림을 진심으로 좋아하고 있는 표정이었다.

나는 왜 많은 사람이 보기 좋다고 생각하는 그림만을 그렸을까. 그리고 높은 곳만을 찾아 헤맸을까. 그 결과 내 그림을 진심으로 좋아해 주었던 사람이 있었던가. 아니었다. 진심으로 좋아해 주는 한 사람이 없다면 누구도 그 그림을 좋아할 리가 없었다. 높은 곳이 아니었다. 가장 낮은 곳에 있어야 하는 것이 예술가였다.

주변을 둘러보았다. 빨간 꽃이 핀 이름 모를 꽃나무가 있었다. 나는 꽃나무로 이젤을 돌렸다. 나는 원래 꽃을 그리는 사람이었다. 꽃처럼 아름다운 인생을 바라기 때문이었다.

나는 손에 쥔 17호 붓을 깨끗이 빨아 가방에 넣었다. 그리고 파스텔을 꺼내 들었다.

다음 날, 새벽 숙소 앞의 루이 1세 다리로 갔다. 아직 해가 뜨지 않은 시각이어서 인적은 없었다. 오늘 포르투를 떠날 것이고, 마지막으로 포르투의 풍경을 보고 싶었다. 그리고 길었던 여행과 작별을 나누고 싶었다. 날이 밝아 오는 포르투는 여전히 아름다웠다.

나는 철교 위에서 내려다보이는 포르투를 상상했다. 구도를 약간 비틀고 강줄기를 크게 했고 바다와 빨간 지붕의 집들의 면적을 넓혔다. 아름다웠고 그 모습을 실제로 볼 수 있는 곳이 몇백 미터 앞에 있었다. 무언가가 이리로 오라고 손짓했다.

나는 갈 수 없다고 말했다. 왜 갈 수 없냐는 대답이 돌아왔다. 공포증이 있

다지만 한국에서 독일로 오는 비행기도 탔고, 독일에서 그리스로 가는 비행기도 탔는데, 다들 건너는 다리를 왜 못 건너느냐고 물었다. 대답하지 않았다. 그러자 너는 건널 수 없다는 말이 들려왔다.

비아냥에 화가 치밀었고 나도 건널 수 있다고 말했다. 무심코 발을 철교로 디뎠다. 한 번 움직인 다리는 제어가 안 됐고 앞으로 걸어갈 뿐이었다. 철교 아래로 검푸른 강물이 지옥까지 연결되어 나의 추락을 기다리고 있었다. 심장은 터질 것 같았고 뇌가 깨져나갈 것 같았다. 순간적으로 빨간 지붕과 회색빛 바다와 하늘이 스쳐 갔고, 다시 강물이 눈앞에 펼쳐졌다. 극심한 통증에 시달리던 다리에 마비가 왔고 나는 그대로 넘어졌다. 정말 강물로 추락하는 공포가 느껴졌다. 손으로 바닥을 짚어보니 손에는 생채기가 있었고, 얼굴이 쓰라렸다.

그리고 고개를 돌린 곳에 보였던 포르투의 풍경은 마법처럼 두려움을 없앴다. 또 그동안 말할 수 없었던 많은 것이 스쳐 갔고 고마웠던 사람들과 즐겁고 슬펐던 일들이 하나하나 떠올랐다. 그 많은 것이 한꺼번에 터져버렸고 나는 목이 터져라, 소리쳤다.

"나 돌아갈 거야."

"나 돌아간다."

"잘 있어라. 돌아간다."

베를린으로

창밖에는 눈이 내리고 있었다. 영화에서나 나올 법한 일이지만 불과 이틀 만에 차창 밖에는 진짜 눈이 내리고 있었다. 나는 가방에서 외투를 꺼내 입었다.

포르투에서 다시 스페인 마드리드행 야간열차를 타고 길고 긴 밤을 지새워야 했다. 마드리드를 지나 스페인과 프랑스 사이의 국경에 있는 작은 마

WAFFLE

을의 야간열차 종착역을 거쳐 보르도로 가는 길이었다.

포르투의 다리 중간에서 어떻게 탈출했는지 궁금하겠지만 그건 나만의 비밀이다. 기차는 보르도역에 도착했다.

보르도에서 출발한 기차는 벨기에 브뤼셀에 도착했다.

브뤼셀에서 출발한 기차는 네덜란드 암스테르담에 도착했다.

기차는 하를렘에 도착했고 다시 암스테르담으로 갔다.

남아있는 기차 티켓은 단 한 장뿐이었다. 하를렘에서도 비가 거셌는데 오늘은 어제보다 비바람이 더 거셌다. 네덜란드가 해수면보다 낮은 지역이 많다는 것은 창밖 풍경만으로 확인할 수 있었다. 끝없이 펼쳐진 들에는 땅 한 필지 사이사이에 바둑판처럼 수로가 나 있었다. 어제부터 내린 폭우를 수로가 감당하지 못하고 들판은 이미 물바다가 되어 있었다. 기차는 가다 서기를 반복했고 마침내 독일 국경으로 넘어왔다.

드디어 독일, 네덜란드와 독일 국경의 어느 작은 역에서 기차는 더 이상 움직이지 않았다. 한참을 정차해 있었고, 승무원들은 상황 파악을 위해 분

주히 움직였다. 여유로 가득했던 승객들의 얼굴에 불안감이 짙어졌고 스피커에서 안내방송이 나왔다.

폭풍 때문에 기차가 더 이상 갈 수 없다는 내용이었다. 이 기차는 다시 암스테르담으로 돌아갈 것이고, 승객들은 대체 버스를 타고 근처 숙소에서 하루 숙박을 하거나 근처 다른 역으로 가서 다른 기차를 타든지 하라고, 여러 방안을 제시해 주고 있었다. 청천벽력 같은 소리에 승객들은 당황해하며 저마다의 방법을 찾기에 분주했다. 내 머릿속은 이미 하얗게 되었다. 독일 동쪽 끝은 한참이었고 주머니에는 하루 숙박할 돈도 남아있지 않았다.

어쩔 수 없이 다른 사람들이 하는 대로 대체 버스에 탔다. 근처 숙소에 우리를 내려줄 건지, 어디로 가는지도 정확히 몰랐다. 사람들은 저마다의 의견을 소리 높여 말했고, 버스 안이 아수라장이었다. 버스는 20~30분 달리더니 다른 기차역에 사람들을 내려줬다. 이곳에서 대체 열차를 찾아보라는 것이었다.

조그만 역은 이미 수백 명의 사람들로 꽉 차 있었고, 역무원 창구는 마비되었다. 저마다의 목적지를 가기 위해 어떤 열차를 타고, 갈아타야 할지를 스스로 결정해야 했다. 하지만 베를린으로 가는 열차는 없었다. 다시 줄을 섰고, 역무원에게 물었더니 처음 들어보는 종착역의 기차를 타고 함부르크로 가서 그 후에 뭔가를 더 해야 한다고 했다. 그 뭔가도 변동이 심해 잘라 말할 수 없다고 했다. 일단은 이 기차를 타라고 했다. 이번에도 다른 사람들이 하는 것처럼 일단은 아무 기차에 탑승했고, 함부르크로 가는 기차로 갈아탔다.

대략 다섯 시간을 만원 기차에서 입석으로 가야 하는 지옥 열차였다. 이런 미친 상황에서도 해맑게 웃는 사람이 있었다.

"나는 행복해. 나는 정말 행복해."

내 옆에 어깨를 맞대고 있는 사람은 자신의 이름이 토마스라고 소개했다. 우리는 비슷한 나이 또래였고 목적지도 베를린으로 같았다. 목적지가 같다는 것을 핑계로 토마스는 쉴 새 없어 떠들어 댔다. 자신은 요리사이고 네덜란드의 친척 집에 갔다 오는 길이며, 접시 닦기로 시작해 10년 동안 돈을 열심히 모았고, 이번에 이탈리안 식당을 내기 위해 상가 계약을 마쳤다고, 여자친구가 있고 청혼할 것이며 식당이 잘되면 집도 살 것이고…. 그의 말은 끝이 없었고 이야깃거리가 하나 끝날 때마다 자신은 정말 행복하다고 말했다. 비좁고 웅성거리는 기차 안에서 행복하다는 말을 수도 없이 들었고 그가 행복하다는 말을 하지 않아도 환청이 들릴 정도였다.

'행복해? 말해봐. 행복하냐고?'

기차가 함부르크에 도착했을 때는 자정이 넘어 있었다. 연결편은커녕 더는 운행하는 기차가 없었다. 나를 포함해 약 스무 명의 승객이 집에 못 가고 버려졌다. 토마스는 이 상황에서도 행복하다고 말했다. 어떤 희망도 보이지 않아 망연자실하고 있는데 역무원이 목적지가 어디인지를 물었다. 역무원은 남아있는 사람들의 목적지를 조사했고 방향이 같은 사람들 두서넛을 짝지어줬다. 굿 샤인(바우처)을 줄 테니 택시를 타고 가라고 했다. 택시 기사는 손님을 집까지 데려다주고 이동 거리를 계산해 독일 철도청에 돈을 청구하는 시스템이었다.

불현듯 여행은 끝을 맺고 있었다. 택시가 도착했고 우산 위로 비가 무섭게 쏟아지고 있었다. 사람들이 택시에 탔고 나는 머뭇거렸다. 택시를 타면 진짜 여행이 끝난다는 생각이 들었다. 잠시 우산을 비켜 하늘을 봤다. 나는 충분한 여행이었냐고 자신에게 물었다. 이 정도면 만족할 만한 여행이지 않았을까?

"친구, 어서 타. 뭐 하고 있는 거야."

열린 택시 문에 고개를 숙여 토마스가 소리쳤다.

부족했다. 쏟아지는 비에도 갈증은 여전히 남아있었다. 내 안의 무언가가 아직 여행을 끝내서는 안 된다고 말하고 있었다. 나는 토마스를 보며 고개를 저었다.

"도대체 원하는 게 뭐야?"

"내가 원하는 거?"

'너는 꿈이 뭐니?'

"사랑."

"이봐, 미쳤어? 완전히 돌았어?"

나는 웃으며 말했다.

"아니, 나는 괜찮으니까 먼저 가!"

택시 문이 꽝하고 닫혔다. 나는 뒤돌아서 역 주변을 걸었다. 나는 여전히 사랑을 원한다는 것을 숨길 수 없었다. 하지만 사랑은 너무 멀리 있었다. 나는 걸음을 멈췄다. 폭풍에 날려 한 장의 잎도 남아 있지 않은 나무가 있었다. 나는 나무 아래 앉아 가방 속에 땅을 팔 수 있는 집기를 모조리 꺼내 땅을 팠다. 그리고 나에게 가장 소중한 17호 붓을 비닐로 몇 겹이고 싸서 땅에 묻었다. 언젠가 사랑, 타올라라.

뒤돌아섰고 밤을 어떻게 지새워야 하는지 막막했다. 세차게도 비가 쏟아졌다. 역 입구로 돌아왔을 때 역 앞에는 택시 한 대가 있었다. 택시를 지나쳐 가는데 창문이 열렸다.

"뭐 해, 어서 타라고. 제가 온다고 했죠. 제정신이 아니라고 말했잖아요."

토마스가 택시를 가지 못하게 했던 것이다. 몇 시간 동안 토마스에게 시달렸던 대가를 이렇게 받게 될 줄이야, 꿈에도 몰랐다. 다 젖은 몸으로 택시에 타자 기사 아저씨는 일그러진 표정으로 투덜댔다.

기차로 2시간 거리를 택시 타고 가라니 믿을 수 없었다. 택시에는 나와 토마스 그리고 다른 한 남자가 탔다. 비는 멈출 줄을 몰랐고 택시 기사는 자신의 차에 탄 세 명의 승객을 단 일 초라도 빠르게 처리하고 싶었는지 속력을 내기 시작했다. 몰아치는 비바람에 가시거리는 몇십 미터도 채 되지 않았지만, 독일 아우토반의 명성에 걸맞게 기사는 미친 듯이 속력을 올렸다.

계기판을 가리키는 바늘은 180킬로미터를 오르락내리락했다. 다른 손님들과 기사 아저씨는 뭐가 그렇게 재밌는지 수다 삼매경이었다. 비행기 공포증이 있는 나에게 이 총알택시는 비행기 이상의 공포를 주었다. 폭우로 보이는 것도 없고 차는 곡예 운전을 하며 어둠 속으로 파고들었다. 꽉 쥔 두 주먹은 땀으로 가득 찼고 그 순간 내가 할 수 있는 것은 기도뿐이었다. 어둠 속 2~3시간의 질주 끝에 드디어 베를린에 도착했다. 양발을 땅에 디뎠다. 택시비가 400~500유로 정도 나왔는데, 그동안의 사건·사고와 바가지요금을 모두 돌려받은 것 같았다. 독일 철도청에 감사했다. 그리고 이 긴 여행에 마침표를 찍었다.